行政カタカナ用語集

中邨 章 (明治大学大学院長) 監修

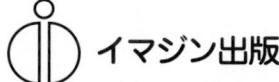
イマジン出版

行政カタカナ用語集の刊行にあたって

　今、世界的に政治や行政は大きな変革期を迎えている。これまで、ほとんどの国で政治と行政は、立法部と行政部が責任をもつものとされてきた。そうした形態を一般に、「ガバメント」と呼ぶが、これは従来の政治や行政では常識とされてきたものである。しかし、そうした見方は、最早、通用しない時代になった。ヨーロッパやアメリカに出かけておどろくことの一つは、「ガバメント」という言葉がほとんど聞かれなくなっていることである。

　それに代わって、「ガバナンス」という表現を耳にする機会が増えた。これは、政府や自治体、それに住民や企業、さらには、NGOやNPOが協働しながら、様々な問題の解決にあたる姿を指している。あたらしい社会運営の方法を示唆した表現である。この点にも関係するが、近年、政府の規模を縮小すると同時に、効率よく効果的で経済性の高い政策運営を求める手法に関心が集まっている。それをニュー・パブリック・マネジメント（NPM）と呼んでいる。この言葉はますます、「ガバナンス」の遂行に不可欠の要件に成長している。

　本書は、そうした最近の政治や行政をめぐる、めざましい変化を念頭にしたものである。外国で創造された表現や概念が、時間をおかず大量に日本に入り込んできている。国際化の時代になって、わが国へのカタカナ表現の流入と拡大は、それらを日本の言葉に書き換える時間すらあたえない勢いである。これまで挙げた、ガバナンスやニュー・パブリック・マネジメント、それにNGOやNPOなどが、その好例にあたる。

本書は、最近、目にすることの多い外来のカタカナ表現を政治や行政分野に限って選定し、それらに簡潔な解説をくわえようとしたものである。もとより、時間や紙数の制約などがあって、すべての関係語句を網羅することは不可能であった。ここでは、注目を集める重要語句について、できるだけ簡にして要を得た解説をしようと試みた。その結果、歴史的背景や理論の紹介は最小限に止めざるを得なかった。その点は、はじめに断っておきたいと思う。

　本書を編纂するにあたって実務は、明治大学大学院政治経済研究科に在籍する、佐々木一如、砂金祐年、桑原潔の3君があたった。彼らは、博士論文を完成させるという重大プロジェクトを抱えながら、数ヶ月にわたって連日、カタカナ表現の収集と、それらの解説文の作成に没頭した。本書は元来、それら3君の業績に属すべき成果である。紙面を借りて、佐々木、砂金、桑原の3君の努力に深謝したいと思う。また、そもそもこの企画は、イマジン出版の青木菜知子氏から持ち込まれたものである。当初、地方議員が利用できるカタカナ外来用語の簡便な参考書という申し出を受けた。しかし、成果物は公務員や一般市民の皆さんにも利用できる体裁にしたつもりである。青木氏のプレッシャーがなければ、これほど早期に刊行できなかったという思いがつよい。同氏のエネルギッシュな編集に改めて深謝を申し上げたい。

執筆者を代表して
中　邨　章
（明治大学大学院長）

目　次

行政カタカナ用語集の刊行にあたって …………………… 3
目　次 …………………………………………………… 6
凡　例 …………………………………………………… 8

ア	アーカイブス ────────	アンマッチ …………………… 9〜21
イ	イー・ガバメント ───────	インランド・デポ ……………… 22〜31
ウ	ウーマン・リブ ────────	ウォール・ストリート ………… 32〜33
エ	エー・ディー・エス・エル ──	エンプロイアビリティ ………… 34〜41
オ	オー・イー・エム ──────	オンライン・ショップ ………… 42〜48
カ	カー・シェアリング ──────	カルテル ……………………… 49〜51
キ	ギガ ───────────	キュレーター ………………… 52〜53
ク	クアハウス ──────────	クロス・ボーティング ………… 54〜58
ケ	ケース・ワーカー ───────	ゲリマンダー ………………… 59〜61
コ	コーポラティズム ───────	コンメンタール ……………… 62〜66
サ	サーズ ─────────────	サンクチュアリ ……………… 67〜70
シ	シー・アイ・オー ───────	シンポジウム ………………… 71〜76
ス	スキーム ────────────	スワップ取引 ………………… 77〜80
セ	セーフティ・ネット ──────	セントラリゼーション ………… 81〜83
ソ	ソーシャリゼーション ─────	ソルベンシー・マージン ……… 84〜85
タ	ターミナルアダプタ ──────	ダンピング …………………… 86〜88
チ	チーフ・エグゼクティブ・オフィサー ──	チューター …………………… 89〜90
テ	データ・センター ───────	テロリズム …………………… 91〜96
ト	トーイック ──────────	トレードオフ ………………… 97〜99
ナ	ナショナリズム ───────	ナレッジ・マネジメント …… 100〜101
ニ	ニーズ ────────────	ニンビー …………………… 102〜104

ネ	ネイチャー・トレイル ──	ネポティズム ……………………	105〜107
ノ	ノーマライゼーション ──	ノンポリ ………………………………	108〜109
ハ	パーク・アンド・ライド ──	ハンディキャップ …………………	110〜116
ヒ	ビー・エス・イー ──	ビルト・イン・スタビライザー …	117〜121
フ	ファームステイ ──	プロバイダー ………………………	122〜127
ヘ	ペイオフ ──	ベンチャー・キャピタル ……	128〜129
ホ	ボーダーレス化 ──	環境ホルモン ……………………	130〜132
マ	マーケット・メカニズム ──	マルチ・リージョナル・バンク …	133〜134
ミ	ミスマッチ ──	ミニマム・アクセス ………………	135
メ	メイン・バンク ──	メンタル・ヘルス …………………	136〜137
モ	モーゲージ ──	モラル・ハザード …………………	138
ユ	ユー・エス・ビー ──	ユビキタス …………………………	139〜140
ラ	ライト・サイジング ──	ランドマーク ………………………	141〜142
リ	リージョナリズム ──	政策のリンケージ …………………	143〜145
ル	ルーティン ──	ルビコン川 …………………………	146
レ	レイオフ ──	レント・シーキング ………………	147〜148
ロ	ロー・スクール ──	ロビイング …………………………	149
ワ	ワーカーズ・コレクティブ ──	ワン・ストップ・サービス ………	150

著者紹介 ……………………………………………………………… 152

現代行政用語索引 …………………………………………………… 153

凡　例

1 記　述
- 本文の記述は、①カタカナ語、②原語、③原語表記、④本文から構成されている。
- 原語表記がアルファベット略語の場合は、略語の後に正式な用語を記載した。
  - 例：R&D（Research and Development）
- 原語は以下のとおりである

英 …………… 英語		伊 …………… イタリア語
和製英語 …… 和製英語		希 …………… ギリシア語
英＋和 ……… 英語＋日本語		西 …………… スペイン語
和＋英 ……… 日本語＋英語		アラビア …… アラビア語
独 …………… ドイツ語		アフリカーンス … アフリカーンス語
仏 …………… フランス語		スウェーデン …… スウェーデン語
露 …………… ロシア語		ラテン ……… ラテン語

2 配　列
- 配列方法は、五十音順による単純配列とした。
- 長音は独立した一字として扱い、アよりも上位に配列した。
  - 例：アーア→アーイ→アア
- 清音・濁音・半濁音の順に配列した。
  - 例：ハ→バ→パ
- アルファベット略語についても、あくまでカタカナ読みの順で配列した。
- 用語が同じでも意味が異なる場合は、原則として同じ項目内で①、②、③と区別した。ただし、「現代行政用語」に該当するカタカナ語の場合は、別に項目を立てた。

3 用字用語
- 記述は現代かなづかい、常用漢字を使用した。

4 関　連
- 関連する項目がある場合、関連マークを付け、別に項を立てた。

5 参　照
- 別の項目とかかわりが深い項目については、末尾に「～を参照」と記載した。

6 現代行政用語
- 項目の中でも特に重要なものは、「現代行政用語」として、冒頭に☞を付けた上、原則としてページ末尾に詳細な解説文を掲載した。この際、別ページにあるものは「P4参照」のように記載した。

ア

アーカイブス[英] archives　記録保管館。保存記録。公文書保管所。公文書館。履歴。

アーキテクチャー[英] architecture　建築。建築学。

アーケード[英] arcade　街路にそって、柱列上にアーチが連続している通路。商店街などにある、覆いがある通り。

アーティスト・イン・レジデンス[英] artist in residence　芸術家がある期間滞在して、作品を制作できる施設。

アーティフィシャル[英] artificial　人工の、人為的な。模造物。

アート[英] art　芸術。技術。

アート・マネジメント[英] art management　芸術文化活動の運営、管理を行うこと。

アーバン[英] urban　都市、都会の。市街地の。都会に住む。

[関連]**アーバン・デザイン[英] urban design**　都市計画。都市計画理念に基づいて都市環境、都市空間を設計すること。

[関連]**アーバン・リゾート[英] urban resort**　都会の行楽地。

[関連]**アーベイン[英] urbane**　都会風の、上品な。

アール・アンド・ディ[英] R&D（Research and Development）研究開発。

アール・シー・シー[英] RCC（The Resolution and Collection Corporation）　整理回収機構。破綻した旧住専（住宅金融専門会社）7社や金融機関などから債権を買い取り、債権の管理、回収、処分などの業務を行っている。1999年4月1日、住宅金融債権管理機構（住管機構）と整理回収銀行とが、前者を存続会社とする形で合併し、新たにRCCが創設された。

☞**アイ・エス・オー[英] ISO（International Organization for Standardization）**　国際標準化機構。⇒P11参照

アイ・エス・ディー・エヌ 英 ISDN（Integrated Services Digital Network）　サービス総合デジタル網の略称。通常の電話回線によるインターネットへのアクセスに比べて、高速通信が可能である。現在は、より高速度の、ADSLや光通信サービス・ネットワークが普及しつつある。

アイ・シー・ユー 英 ①ICU（Intensive Care Unit）病院の集中治療室。②ICU（International Christian University）国際基督教大学。東京都三鷹市。1953年設立。

アイ・ティー 英 IT（information technology）　情報技術。情報を保存し、管理、運用、伝達するための、組織や方法、事業環境に関する知識や技術。

アイコン 英 icon　①偶像。聖像。②パソコンのディスプレイ上に表示された図柄。その図柄をマウスにてクリックすることにより、ソフト・ウェアを容易に操作することができる。

アイストップ 和製英語 eys stop　まちづくりにおける、景観の要となる場所や建築物。

アイテム 英 item　品目。事項。項目。

アイデンティティ 英 identity　自己認識。帰属意識。人間は、社会や他者との関係性を通じて自己を認識する。アイデンティティは、個々人が自らを取り巻く環境とどのような相互関係性をもっているのかを説明する言葉である。家族や友人などの人間関係、出身地、出身学校、所属する政党、信仰する宗教など、個人のアイデンティティは様々な要素から影響を受けながら形づくられ、それが自己認識や帰属意識となる。ジェンダー、エスニシティ、宗教などの問題は、個々人のアイデンティティを作り上げるのに大きな影響を及ぼすが、時として、政治的な差別や対立を引き起こす原因ともなる。

アイドリング・ストップ 和製英語 idling stop　自動車エンジンの空転を止めること。大気環境保護のための運動として、1996年に環境庁（当時）が提唱した。

アイバンク 和製英語 eye bank　献眼登録をした人が死亡した際、その人の眼球を、角膜移植待機患者にあっせんする公的機関。

アウト・リーチ 英 outreach　福祉活動において、通常の活動範囲を超えて活動を行うこと。

アウトカム 英 outcome　結果。成果。

☞ 関連 **アウトカム評価** 英＋和　ある政策を実施することによって、どのような成果や効果が生じたかを観察する評価方法。

アウトサイダー 英 outsider　部外者。門外漢。

> ☞ 現代行政用語
> **アイ・エス・オー** 英 ISO（International Organization for Standardization）
> 　国際標準化機構。ジュネーブに本部を置き、電気・電子分野を除く分野の標準化を推進する国際機関。1947年に非政府団体として設立され、国際貿易の円滑化・促進のための国際規格の策定をしている。品質管理及び品質保証に関する国際規格ISO9000シリーズや、組織活動が環境に及ぼす影響を最小限にくい止めることを目的に定められた環境に関する国際的な標準規格ISO14000シリーズは、日本でも広く認知されるようになってきている。

> ☞ 現代行政用語
> **アウトカム評価** 英＋和
> 　ある政策を実施することによって、どのような成果や効果が生じたかを観察する評価方法。パソコン講習会の開催を例にすると、講習会を開催するために必要とされる費用や職員数は、インプット（入力）指標になる。講習会が何回開催されたか、受講者は何名であったかはアウトプット（出力）指標と呼ばれる。それに対して、アウトカム指標は、受講者のうち実際に何名がパソコンを使えるようになったかを表す指標。アウトカム評価は、政策の最終的な成果や効果に注目する点で、これまでの政策分析とはやや異なる性格を備えている。

☞ **アウトソーシング**🇬🇧 outsourcing　（資金や製品などの）外部調達、外注。業務の外部委託。

アウトドア🇬🇧 outdoor　戸外の。屋外の。

アウトプット🇬🇧 output　算出。生産高。

アウトプレースメント🇬🇧 outplacement　余剰人員に対する再就職の世話。転職斡旋。

アウトライン🇬🇧 outline　外形。輪郭。概論。あらまし。

アウトルック・エクスプレス🇬🇧 outlook express　米マイクロソフト社の電子メール用ソフトウェア。

アウトレット🇬🇧 outlet　工場直営店。服などの生産者が、売れ残った商品や季節外れの商品を、安値で販売するために設置した直売店。

☞ **アカウンタビリティ**🇬🇧 accountability　答責性、説明責任。⇒P13参照

アカデミー🇬🇧 academy　学者・研究者の世界。学園。大学。

　関連 アカデミズム🇬🇧 academicism　学究的な傾向。伝統主義。

アガペー🇬🇷 agape　愛。神の愛。

アクア ラテン aqua　水。

アクアリウム🇬🇧 aquarium　水槽。水族館。

アクシデント🇬🇧 accident　事故。

アクション🇬🇧 action　行動。活動。動作。

　関連 アクション・プラン🇬🇧 action plan　行動計画。ある政策を、どのように実施、運営してゆくのかを具体的に示した計画書。または選挙において候補者が、公約の実現に向けて提示する計画書。

☞ **現代行政用語**

アウトソーシング🇬🇧 outsourcing

　　（資金や製品などの）外部調達、外注。業務の外部委託。行政分野においては、ゴミの回収、施設の維持、管理、情報システムの運営など、様々な業務で外部委託が行なわれている。事業を外部に委託するのは、主として経費節減のためである。だが、資源や情報が、民間企業などによって管理、運用されるケースが増えると、プライバシー保護や情報管理などに問題が生じることがあるため、この面での制度整備が急務とされる。

関連アクション・プログラム英 action program　実行計画。実行手順。行動計画。（アクション・プランを参照）

アクセス英 access　①接近。②入場許可。③インターネット上のサイトに接続すること。

関連アクセス・タイム英 access time　コンピューターのハードディスクが、指令を受け取ってから作業を開始するまでの時間。

関連アクセス・ポイント英 access point　パソコンを利用し、インターネットへ接続する際、プロバイダー会社のサーバーに接続する電話番号。

関連アクセス権英＋和　マス・メディアへ接近する権利。世論に対するマス・メディアの影響力の大きさから、論じられるようになった。マスメディアが発信する記事や番組へ市民が登場したり、反論記事や意見広告の掲載を求めたりし、マスメディアによる情報の独占を抑制しようとするもの。

アクティブ英 active　活動的な。積極的な。

アクト英 act　①行動。活動。②法律。

アグレッシブ英 aggressive　積極的な。攻撃的な。

アジェンダ英 agenda　議題。検討課題。行動計画。議事日程。

☞ **アジェンダ・セッティング英 agenda-setting**　議題設定。⇒P14参照。

アシスタント英 assistant　助手。協力者。

☞ 現代行政用語

アカウンタビリティ英 accountability

　　答責性、説明責任。行政責任の明確化などとも呼ばれる。行政の分野で権限を行使する人物や組織は、それぞれのとった行動や、各々が進めた政策に責任を負わなければならない。責任の所在を外部に向かって公開することは、行政の正統性を高めるための必須要件である。ただ、日本のように行政の行動がグループで実施される場合、責任の所在がえてして不明確になりがちであった。それを是正するため、手続きや政策の決定過程などをガラス張りにし、それらの中身を外部に説明するなど、責任性の高い行政を進めることが必要である。

アシッド 🇬🇧 acid　酸。酸っぱいもの。

アジテーション 🇬🇧 agitation　扇動。略してアジと呼ばれる。

アジャスト 🇬🇧 adjust　調整。調停。

アスペクト 🇬🇧 aspect　局面。様相。

アスベスト 🇬🇧 asbestos　石綿。防火の用途で使われていたが、近年、肺など人体への影響が指摘され、使用が禁止された。学校などの公共施設では除去作業が進められている。

アスレチック（ス） 🇬🇧 athletics　運動競技。また、運動施設の意味でも用いられる。

アセスメント 🇬🇧 assessment　査定、評価の意。とりわけ、「環境アセスメント」が有名である。

☞　【関連】**環境アセスメント**【和製英語】　大型の都市開発、それに原発やダム建設など、自然環境に大きな影響が出ることが予想される各種のプロジェクトについて、あらかじめ環境への影響を計測し、自然環境の保全に留意する方法。⇒P15参照

【関連】**時のアセスメント**【和製英語】　北海道庁が1997年から実施してきた、政策の再評価システム。長期間停滞している政策や、社会的状況や住民要望が時間の経過により変化し、価値または効果が低下した政策などの見直しを行うことを目的とした。現在は、「政策評価」の観点を加えた、「政策アセスメント」が実施されている。

☞　現代行政用語

アジェンダ・セッティング 🇬🇧 agenda-setting

　　議題設定。ある政策がつくられるためには、その案件が議題として確定して日程に上り、課題が討議の対象にされる必要がある。これは一見、単純なように思われるが、議題設定はしばしば政治が絡んで複雑な様相を呈する。議会などでは議長の権限が議題の設定に大きな影響をもつ。その上、有力議員の政治力や利益団体の圧力も無視することはできない。そのように、アジェンダ・セッティングは政治過程そのものになることが多い。その前段階に注目する研究もあるほどである。

アセット🔤 asset　負債の償却に当てるべき資産、財産。賃借対照表の資産。交換価値のある所有物。

アセンブリー🔤 assembly　集会。機械などの組み立て部品。

アソシエーション🔤 association　組合、会社、学校など、共通の関心、目的のために設立された団体。

アタッチメント🔤 attachment　取り付け。付物。添付。

アダプト・ロード・プログラム（和製英語）adopt road program　市民団体や企業などに、一般道路や高速道路のサービスエリアを長期間にわたりごみ拾いや花壇の管理してもらう（里親）制度。

アップグレード🔤 upgrade　性能、機能などを高めること。

アップツーデート🔤 up-to-date　最新式の。現代的な。

アップデート🔤 update　情報などを最新のものにすること。

アド・ホック🔤 ad hoc　特定の。その場限りでの。場当たり的な。

アト・ランダム🔤 at random　手あたり次第。無作為に抽出すること。

アドバイス🔤 advice　助言。忠告。

　（関連）**アドバイザー**🔤 adviser　助言者。相談役。

アドバルーン🔤 ad balloon　広告用の気球。その意味から転じて、ある政策や提案に対する周囲の反応を伺うために、意図的な情報を流布させることを「アドバルーンを揚げる」という。

アドバンス🔤 advance　手付金。前払い金。事前。

アドバンテージ🔤 advantage　有利な点。有利性。長所。利益。

アトピー🔤 atopy　アレルギー体質のこと。

☞ 現代行政用語

環境アセスメント （和製英語）

　　　大型の都市開発、それに原発やダム建設など、自然環境に大きな影響が出ることが予想される各種のプロジェクトについて、あらかじめ環境への影響を計測し、自然環境の保全に留意する方法。調査対象項目は、①地域環境に係る基礎的項目、②公害の防止に係る項目、③自然環境に係る項目の3つに分類される。評価の後、開発行為が環境に及ぼす悪影響を防止、軽減するために環境保全対策の検討を行なう。

アドプト・システム🇬🇧 adopt system　行政が管理している公共施設の管理を、民間に委託する方式。

アドボカシー・プランニング🇬🇧 advocacy planning　特定の政策を促進するために考案する計画。社会運動の唱道に関係が深い。

アドミッション・オフィス方式（英＋和）　面接や学外活動などを重視した選抜方法。総合評価方式とも呼ばれ、近年、多くの大学が入学試験に採用している。ただし、その定義が曖昧であることから、従来の推薦入試などとの違いがわかりにくく受験者や関係者の混乱を招いているとの批判もある。「AO入試」を参照。

　（関連）**アドミッション・ポリシー**🇬🇧 admission policy　入学者受入に関する方針。

　（関連）**アドミッションズ・オフィス**🇬🇧 admissions office　（大学の）入学事務局、入試担当事務局。AO。

☞**アドミニストレーション**🇬🇧 administration　管理、統治、行政。

　（関連）**アドミニストレータ**🇬🇧 administrator　管理者。行政官。長官。また、コンピューターの管理者。

アトラクション🇬🇧 attraction　客寄せのための余興。演芸。遊園地の遊戯設備。

アトリウム🇬🇧 atrium　古代ローマ都市の住宅における中庭。現代建築で、ビルなどの屋内に設けられた中庭上の主空間。心臓の心房。

アドレス🇬🇧 address　住所。電子メールの宛先として利用される、使用者の情報。

アナーキー🇬🇧 anarchy　無政府状態。社会的混乱。

　（関連）**アナーキスト**🇬🇧 anarchist　無政府主義者。

☞ 現代行政用語

アドミニストレーション🇬🇧 administration

　　　　管理、統治、行政。行政の分野で使用されることの多い表現。経営学にも登場する。ただ、行政の分野ではこの言葉は、国や自治体がつくる各種の法律によって形成される公的意思を執行する業務全体を指す概念と捉えられる。一般的には、簡単に国や自治体の執行機関を指す表現として理解されている。

関連 アナーキズム 英 anarchism　フランス革命以降の無政府主義を指す表現。狭義には、社会の変革を主張し、国家が存在することや、資本家や宗教など国民を抑圧する「支配」の道具のあることに疑問を投げかえる人びとのこと。あるいは、こうした抑圧する仕組みの存在すべてを否定する考え方。一般的には、モラルや政治的秩序の崩壊した状況を志向する考え方を意味して用いられている。

アナウンスメント 英 announcement　告知すること。公表。発表。

関連 アナウンスメント効果 英 announcement effect　報道の影響により、視聴者の心理や行動に影響が生じること。アナウンス効果とも呼ばれる。

アナクロニズム 英 anachronism　時代錯誤。過去の遺物。時代遅れの人（もの）。アナクロとも呼ばれる。

アナフィラキシー 独 anaphylaxie　ドイツ語で「無抵抗」の意味。医学用語では、急激なショック状態を起こすアレルギーの一種を示す言葉として用いられる。

アナリスト 英 analyst　分析家。精神分析者。識者。

アナログ 英 analog　連続的にある数値を表す指標。時計で例えると、アナログ時計では、針が絶えず動きながら時間を示すのに対して、デジタル時計では、表示板に示される数字は、定期的に数字が入れ替わりながら、非連続的に時間が表示される。

アニマル・アシステッド・アクティビティ 英 Animal Assisted Activity　動物介在活動。病院などで、動物と触れ合うことを目的とした活動。

関連 アニマル・セラピー 英 animal therapy　動物介在療法。動物と触れ合いながら身体障害者のリハビリ訓練を行ったり、精神障害や情緒障害等の治療を行ったりする。

アニミズム 英 animism　精霊信仰、精霊説。

アネックス 英 annex　別館。

アパシー 英 apathy　無気力な状態。意欲に乏しく無感動な様。政治的無関心。

アパルトヘイト 〔アフリカーンス〕 apartheid 「隔離」を意味する言葉。南アフリカ共和国が、白人政権のもとで行われてきた、有色人種差別政策の総称。1993年に廃止された。

アパレル 〔英〕 apparel 衣服、既製服。既製服業界や衣料関連の製造業を指しても使われる。

アピール 〔英〕 appeal 主張すること。魅力。運動競技にて、審判に対して異議を申し立てること。

アファーマティブ・アクション 〔英〕 affirmative action アメリカで実施されてきた、少数民族や女性、身体的・精神的ハンディキャップを負った人びとに対する、差別の是正を目的とする優先政策のこと。大学の入学に優先入学を認める方策や、就学以前の児童に特別の準備教育をする方法などが有名。しかし、優先政策によって成人白人男性が、逆差別を受けるという問題が発生し、訴訟が起こっている。そのため、優先策は縮小の方向にある。

アフォリズム 〔英〕 aphorism 格言。金言。警句。

アブノーマル 〔英〕 abnormal 異常な。病的。変態的。

アプリオリ 〔ラテン〕 a priori 先天的。生得的。

アプリケーション 〔英〕 application ①適用、応用の意味。②コンピューターを使用して様々な作業を行うためのプログラムであるアプリケーション・プログラムの略称。

　〔関連〕**アプリケーション・パッケージ** 〔英〕 application package 1つのアプリケーションに関連するプログラムや設定ファイル、ドキュメントなどをひとまとめにしたもの。

アプローチ 〔英〕 approach 接近すること。働きかけ。研究方法。

アポインティブ 〔英〕 appointive 任命。行政組織における「政治任命職」（political apointee）を指して用いられることがある。

アポイントメント 〔英〕 appointment 面会するための約束。アポイント、アポ。

アマゾン・ドット・コム 〔英〕 Amazon.com アメリカに本部があるインターネット上の書籍店。

アミューズメント施設 〔英＋和〕 娯楽施設。

アムネスティ 英 amnesty　大赦。

アムネスティ・インターナショナル 英 Amnesty International　人権侵害への反対活動を行っている国際的な市民運動団体。世界人権宣言が守られる社会の実現を標榜している。1961年設立、本部はロンドンにある。

アメダス 和製英語 AMEDAS（Automated Meteorological Data Acquisition System）　正式名称は、地域気象観測システム。全国約1300ヵ所で局地的な気象現象を自動観測している。

アメニティー 英 amenity　もともと都市計画の表現で、「住みやすさ」「快適さ」などの意味。あるがままの状態とも定義される。人間の生活環境の快適さを指す言葉である。が、町並みの保存が代表例。

アラー アラビア allah　イスラム教徒が信仰する唯一神。アッラーとも表記される。

アライアンス 英 alliance　同盟。連合。

アリーナ 英 arena　舞台を観客席が四方から取り囲む形をしているホールや運動施設。

アリストクラシー 英 aristocracy　貴族政治。貴族階級。

アル・カイーダ アラビア Al Qaeda　アラビア語で基地を意味する。1980年代後半に、サウジアラビア出身のビン・ラーディンが、アフガニスタンで組織したテロリズム集団。

アレルギー 独 Allergie　抗原抗体反応に基づく生体の過敏性の反応。

アレンジメント 英 arraignment　整理、整列、配置。

アロケーション 英 allocation　割り当て。配分。配給。

アンインストール 英 uninstall　コンピューターへ記録したソフトウェアを削除すること。

アンカー 英 anchor　テレビやラジオで、司会をする人。キャスター。また、「錨」や「最強の部分」という意味もある。

アングラ 和製英語 underground 　地下を意味する英語、Undergroundから転じた和製英語。①前衛的、実験的な芸術活動。前衛的な演劇が、地下にある劇場で多く公演されたことに由来する。②実態が捕らえにくい活動。違法な活動。

アングル 英 angle 　角度。視点。

アングロサクソン 英 Anglo-Saxon 　ゲルマン系のイギリス国民。ゲルマン民族の一部。

アンケート 仏 enqueté 　多人数に一定の方式で行なう質問調査。または、その調査に対する回答。

アンサンブル 仏 ensemble 　合唱。少人数の合唱団。演奏のまとまり具合。

アンシャン・レジーム 仏 Anxcien Régime 　旧体制。特に、フランス革命前の絶対王政及びこれに対応する封建的な社会体制をいう。

アンダー・バー 英 under bar 　文章などで、強調する目的などで文の下に引かれた線。

アンタイド・ローン 英 untied loan 　資金の貸し手が借り手に対して、その用途や運用について指定をしない融資。不拘束貸付。不拘束融資。ひもなし援助。政府開発援助の一環としても行われる。

アンタッチャブル 英 untouchable 　「触れてはいけない」の意。転じて、インドの不可触民、アメリカの連邦捜査局員の意味で使われることもある。

アンチ 英 anti 　「反」「反対」の意味の接頭辞。

アンチ・グローバリズム 英 anti-globalism 　グローバル化に反対する運動、ないしそうした動き。グローバリゼーションを参照。

アンティーク 仏 antique 　骨董品、年代物の家具・美術品のこと。

アンテナ・ショップ 和製英語 antenna shop 　新商品などをテスト的に売り出し、その反応から消費者の需要動向を探るために設けた小売店。

アンニュイ 仏 ennui 　退屈。倦怠。

アンビヴァレント 英 ambivalent 　両面価値の。価値の二面性。転じて態度を決めかねる様子。

アンペイド・ワーク🅔 unpaid work　無報酬労働。賃金労働など、市場で貨幣による評価が行われる労働に対し、家庭内での家事や育児介護、地域社会の様々な活動など、市場での評価が行われず、無償で行われる労働のこと。

アンマッチ🅔 unmatched　不整合。不調和。一致しないこと。

イ

☞ **イー・ガバメント（E・ガバメント）** 英 Electronic government　電子政府。

関連 **イー・コマース（E・コマース）** 英 Electronic commerce　電子商取引。企業間の発注から、ウェブ上のオークションまで様々な取引が、インターネット網を利用して行われている。イー・コマースの拡大に伴い、クレジットカード決済の安全性や、個人情報の保護など、新たな課題も発生している。

関連 **イー・ビジネス（E・ビジネス）** 英 Electronic business　インターネットの発展による、オープンでグローバルなディジタル・ネットワークを活用して行われる、新しい形態での業務行為および商取引全般。

関連 **イー・メール（E・メール）** 英 E-mail　電子メール。

関連 **イー・ラーニング（E・ラーニング）** 英 Electronic learning　インターネットを活用して、都合の良い時間や遠隔の場所で教育を受けられるシステム。

イー・ディー 英 erectile disfunction　男性器の勃起不全または勃起障害。

イエロー・ジャーナリズム 英 yellow journalism　発行部数を増やすために、誇大な表現を多用したり、性的な記事や私生活暴露記事を売り物にする新聞や雑誌。

☞ **現代行政用語**

イー・ガバメント（E・ガバメント） 英 Electronic government

　　電子政府。国や自治体への届け出・申請や納税、さらには手数料支払いなどの手続き、それに行政情報の閲覧などを、パソコンからインターネットを通じて行なうことができる仕組み。役所などに出向く必要がなくなる、情報が容易に入手できるなど、利便性が向上する反面、個人情報の漏洩など、安全面での課題も抱えている。

イエローカード🇬🇧 yellow card　①「予防接種に関する国際証明書」の通称。予防接種を証明するもので、出入国時に旅券とともに提出する義務がある。②サッカーで、故意に悪質な反則を犯したり、スポーツマンらしからぬ行為をした選手に審判が示す黄色のカード。③タンクローリーが積載する化学物質に関する緊急連絡カード。

イシュー🇬🇧 issue　①発布、公布、発行、刊行物。②問題点、争点。

イデア🇬🇷 idea　語源は姿・形の意のギリシア語。プラトン哲学の中心概念で、理性によってのみ認識され、感覚的世界の個物の本質の原型とされる。近世以降は、観念・理念の意となる。

イディオム🇬🇧 idiom　慣用句、熟語。

イデオロギー🇬🇧 ideology　社会的意識、観念形態と訳される。もともとはフランス観念学の用語。現在では思想傾向、政治や社会に対する態度・考え方の意味で使われることが多い。従来、イデオロギーの対立は、自由主義対社会主義、保守主義対革新主義といった左右の対立で論じられてきた。しかし、冷戦の崩壊以降、文化的・宗教的イデオロギーの対立をめぐる争いが世界各地で発生している。

イニシアチブ🇬🇧 initiative　①主導権。②国民の政治への直接参加の一形式で、一定数の国民が立法に関する提案を行なう制度。

イニシエーション🇬🇧 initiation　①開始、創業、始動、起爆。②入学式、加入式。

イノセント🇬🇧 innocent　純粋なさま。無邪気なさま。無罪。

イノベーション🇬🇧 innovation　旧来に代わり新しいものが登場すること。革新。新機軸。

イベント🇬🇧 event　催し。行事。

イマジネーション🇬🇧 imagination　想像。想像力。構想。空想。

イミグレーション🇬🇧 immigration　①（他国からの）移民、移住。②入国審査、出入国管理。

イメージ🇬🇧 image　映像。面影。印象。心に思い浮かべた像。
　関連 イメージ・アップ🇬🇧 image up　印象や評判をよくすること。

イルミネーション[英] **illumination**　多くの電灯を使う飾りつけ。

インカム[英] **income**　収入。所得。

[関連] **インカム・ゲイン**[英] **income gain**　利子・配当収入。資金を保有して得られる配当金、利子、不動産賃貸料などの所得。

インキュベーション[英] **incubation**　卵がかえるまで抱えるさま。起業家育成、起業支援、新規事業育成、新規事業支援。

[関連] **インキュベーター**[英] **incubator**　もともとは保育器や孵卵器の意味。転じて、企業家精神を持つ実業家に、場所・資金・人材などを提供して、企業の発足を支援する機関・施設を指す。

☞ **インクリメンタリズム**[英] **Incrementalism**　増分主義、微増主義。

インクルージョン[英] **inclusion**　①内包する。②障害児教育や障害者福祉の新しい考え方。学校、保護者、地域を含めたさまざまな職種の人々が広く連携して協力体制をつくることが特徴。国連第48回総会決議「障害者機会均等実現に関する基準原則」(1993年)、ユネスコのサラマンカ宣言（1994年）などをつうじて、インクルージョンの概念は教育や福祉の現場で広まりつつある。

☞ **現代行政用語**

インクリメンタリズム[英] **Incrementalism**

増分主義、微増主義。行政分野で予算の変化を説明するときに用いられる表現。予算の決定には、普通、多数の人びとが関わる。それらの人びとの選択肢は、前年度の実績にもとづくことが多い。また、関係者は政策を積極的に変えることよりも、微調整にとどめようとする傾向を示す。その結果、予算は増減することがあっても、その幅はわずかな変化にとどまる。微増や微減をくり返す予算には、多数の人びとが関係し、それが決まる過程ではいろいろな意見が表出する。インクリメンタリズムは、開放的で民主的である。社会主義では考えられない、自由主義に不可欠の予算の決定方法とみなされてきた。

インサイダー[英] insider　（組織などの）内部の者。内部関係者。インサイダー取引…会社関係者などが、投資家の投資判断に影響を与える内部情報をその立場ゆえに知り、その情報の公表前に有価証券の売買をすること。不正取引として規制されている。

インサイド[英] inside　内部。内側。

インシデント[英] incident　出来事。

インシュリン[英] insulin　膵臓のランゲルハンス島のB細胞から分泌されるホルモンで、血糖を減少させる効果があることから、糖尿病の治療に用いられる。

インスタレーション[英] installation　空間全体を一つの作品として呈示する表現方法。

インストール[英] install　コンピュータに周辺機器、OSやアプリケーション・ソフトを組み込むこと。機械などを設置すること。

インストラクター[英] instructor　教師。指導者。講師。特に、特定の技能やスポーツなどの訓練を指導する人。

インスピレーション[英] inspiration　発想。霊感。創作などにおいてひらめいた考え。

インセンティブ[英] incentive　動機。目標を達成するための刺激。報奨。

[関連] **インセンティブ規制[英+和]　incentive regulation**　公益事業に対する料金規制方法の一つ。被規制企業に経営効率向上への誘因を提供する。

[関連] **インセンティブ手法[英+和]**　建築物等に対する容積、形態などの一般的規制を排除することにより、優良な建築活動を誘導する方法。

インターコネクト[英] interconnect　コンピュータの相互接続。

インターセプト[英] intercept　①途中で奪う、遮断する、妨げる。②戦闘機が敵機を迎撃すること。③球技などで、相手のパスを奪うこと。

インターナショナル 英 international 国際的な、国際間の、万国の。この言葉は、文字通り、Inter「〜の間」とnational「国家」という言葉から成り立っている。その前提として、国際的な政治・経済システムは、国家間において存在するという考えがある。しかし、20世紀後半以降、多国籍企業の出現や、インターネットの発達など、国家の枠組みにとらわれない政治・経済活動が進行している。グローバリゼーションを参照。

関連 **インターナショナル・スクール** 英 international school 様々な国籍の生徒が同じ教室で学ぶ形式の学校。

☞ **インターネット** 英 Internet 大学や企業などのコンピュータネットワークが相互に接続された、分散型のネットワーク。

関連 **インターネット・エクスプローラー** 英 internet explorer 米マイクロソフト社のブラウザ（インターネットを閲覧するためのプログラム）。もっとも一般的なブラウザとして、世界各国で使用されている。

☞ 現代行政用語

インターネット 英 Internet

大学や企業などのコンピュータネットワークが相互に接続された、分散型のネットワーク。世界的規模でデータや情報の交換を行なえる。2002年2月現在のインターネット利用者数は約5億4,000万人に達している。日本の利用者数は、約5,600万人で、普及率は人口の約44%である。冷戦時代に、アメリカが、軍事目的に分散型コンピュータネットワークの研究を行なったが始まり。その後、学術研究用ネットワーク（NSFnet）が構築され、インターネットの原型となった。1990年代になり商用目的でインターネットが使用可能となった。1990年代後半から、ネットワークの拡大が飛躍的に進み、日本では、1984年に、慶応大学、東京大学、東京工業大学が実験ネットワークである「JUNET」を構築したのが始まり。

関連 インターネット・バンキング 英 internet banking インターネット上に存在する銀行から、振込みや残高照会などの銀行取引を行なうこと。ネット・バンキングを参照。

関連 インターネット・フレンジー 英 internet frenzy インターネットの利用が習慣化し、依存性が高くなってしまった人のこと。インターネット狂。

関連 インターネット・フロンティア 英 internet frontier インターネットの広い可能性を秘めた開拓の対象となる領域。

関連 インターネット・マンション 和製英語 internet mansion 専用回線に24時間常時接続した状態でインターネットを使える設備を備えたマンションのこと。

インターフェース 英 interface 相異なる装置を接続するための仲介装置。

インターフェロン 英 interferon ウイルス感染の阻止作用を持つ糖蛋白質。ウイルスなどが体内に侵入したとき、その増殖を抑えたり、発病を防ぐのに効果がある。

インタープリター 英 interpreter 通訳の意。または、コンピュータの汎用言語による命令を機械語に変換するプログラム。

インタープリテーション 英 interpretation 一般的に「解釈」と訳される。外国では「自然遺産や文化遺産を通訳すること」を表し、自然、文化、歴史（遺産）をわかりやすく人々に伝える活動のこと。一方的な説明ではなく、また知識そのものを伝えるだけでなく、その裏側にある"メッセージ"を伝える行為。

インターラプト 英 interrupt 進行中のプログラムを一時中断して別のプログラムを実行すること。

インターロック 英 interlock 連結する。連動する。組み合わせる。建築資材などを組み合わせること。

インターン 英 intern(e) 国家試験の受験資格を得るための実習制度や、またはその実習生を指す。

インターンシップ 英 internship　就業体験。企業などの実習訓練期間のこと。近年は、大学が制度として導入するケースが増えており、学生が在学中に一定期間企業等に派遣され、職業的訓練を積むことが多くなってきている。

インダストリアル・パーク 英 industrial park　全体として公園のような外観を持たせ、公害排除、環境整備の機能をはたす工場用地。

インタビュー 英 interview　面談。会見。特に、報道関係者や研究者が取材目的で行なうものを指す。

インタラクティブ 英 interactive　相方向的。相互作用の、対話式の。特に、コンピュータ利用者とコンピュータの対話で処理を進める方式を指す場合もある。

インタレスト・グループ 英 interest group　利益団体。圧力団体とも呼ばれる。特定の利害を共有する組織や団体によって構成され、政治家や行政に圧力をかけることを目的にする集団。経団連、医師会、農協、地方六団体などがこれにあたる。

インテーク 英 intake　初回面接。受理面接。カウンセリングやケースワークの初期に、相談の内容や理由を確認し、その後の対応を相談する面接。

インテグレーション 英 integration　統合。

インデックスファンド 英 index fund　平均株価に連動する仕組みの投資信託。

インテリア 英 interior　①室内装飾。②内政、内務。

インテリゲンチャ（インテリ） 露 intelligentsiya　知識階級、知識人。

インテリジェンス 英 intelligence　①知性、知能。②高度な情報、機密情報。アメリカのCIAはCentral Intelligence Agency（中央情報局）の略称。

インテリジェント・ビル 英 intelligent building　情報化ビル。高度な情報・通信機器の設置とその十分な利用を目的に設計・施工されたビル。高度な情報通信と建物全体の自動管理を中央コンピューターが統御するシステムを備えたビル。

インテンシブ[英] intensive 集中的な、徹底的な。

イントラネット[英] intranet インターネットとコンピュータ通信サービスを取り入れている企業内のシステム。

インナー・シティー[英] inner city 大都市の中心部。

インバーター[英] inverter 直流電力から交流電力へ変換する装置。

インパクト[英] impact 衝撃、影響の意。

インパクト分析[英+和] impact analysis 政策分析の手法。政策が実施に移されたあと、それが社会にどのような影響を及ぼしているかを計測しようとすること。アウトカム評価に類似した考え方。

インフォーマル[英] informal 非公式の、形式ばらない。

インフォームド・コンセント[英] informed consent 説明と同意、告知と同意。十分な説明に基づく同意。医療分野においては、患者に治療の内容や目的などを説明して同意した上で治療すること。

インフォメーション[英] informaion 情報。知識。見聞。案内所。

インフォメーション・テクノロジー[英] information technology 情報技術・情報通信分野を広く捉えて用いる語。コンピュータやインターネットを支える技術などをいう。(IT)

インプット[英] input 入力、投入。特に、コンピュータに情報をデータとして与えること。

☞**インフラストラクチャー[英] Infrastructure** 社会基盤。基幹施設。

☞現代行政用語

インフラストラクチャー[英] Infrastructure

社会基盤。基幹施設。インフラと略される。電気やガス、上下水道、電話などのライフ・ラインや、道路、鉄道、港湾など日常生活や経済活動の基礎となる設備を指す。これらの施設は、その規模と性格上、市場によって提供されることが期待されにくい。現在では、インターネットを用いた行政活動や商取引が盛んにおこなわれるようになってきており、光ケーブル網の構築など、情報インフラの整備が急務とされる。

インプラント[英] **implant**　埋め込むの意で、特に歯が失われたスペースに金属の人工歯根を顎の骨に植え、その上に人工の歯を装着して歯の代わりに使う治療方法。

☞**インプリメンテーション**[英] **implementation**　実施。特に政策実施。

インフルエンザ[英] **influenza**　風邪症候群のひとつ。インフルエンザウイルスで起こる疾患。

インフレーション（インフレ）[英] **inflation**　一般的な物価水準が継続的に上昇し、貨幣価値が下落すること。

[関連]**インフレーション・ターゲティング**[英] **inflation targeting**　インフレ率目標。中央銀行が一定のインフレ目標を設定して金融政策を行う。

インプレッション[英] **impression**　印象。

インベストメント[英] **investment**　投資、出資、投資金。

インペリアル[英] **imperial**　①帝国の。②商品などが最上級の。

インベントリー[英] **inventory**　在庫。

インポート[英] **import**　①輸入。②一つのコンピュータ・システムから別のシステムに情報を取り込むこと。

インボイス[英] **invoice**　送り状（値段や輸送料をつけて、買い手に送る商品リスト）。仕入れ税額票。

☞**現代行政用語**

インプリメンテーション[英] **implementation**

実施。特に政策実施。アメリカの行政から出てきた表現。アメリカのように分権をとる国では、連邦政府の意図と、自治体の思惑とが異なることがある。雇用の創出を目的とした連邦政府の政策が、自治体で実施に移されると、さまざまな事情が絡んで政府の初期目的が実現しないことがおこる。このギャップを問題にするために登場したのが、インプリメンテーションという考え方。初期の政策目標により近い結果を得るためには、政策を立案する際に現場の状況をよく知ること、それに政策を実施に移す過程で柔軟な対応策をとることなどが要求される。

インマルサット[英] **INMOLSATTE（International Mobile Satellite Organization）**　国際移動衛星機構という組織で、赤道上空3万6千キロにある4つの静止衛星を運用して船舶などの移動地球局との通信サービスを提供している。4つの衛星は、太平洋、インド洋、大西洋（東、西）それぞれの海域の赤道上空に配置され、ほぼ世界全域（両極付近を除く）をカバーしている。

インライン・システム[英] **in-line system**　データが入力されるとすぐに処理を開始するシステム。

インランド・デポ[英] **inland depot**　内陸部にある外国貨物輸送基地のこと。外国貨物の集配、引き受け、引き渡し等とともに、通関業務を行い、保管施設をも有す。

ウ

ウーマン・リブ 英 Wonen's Lib　女性解放運動を意味する英語Women's Liberation（Movement）の略称。女性に対する様々な差別や不当な制約をなくすことを目指す運動で、教育や就労、賃金、自己決定に関する均等な機会や条件を要求している。

ウィルス 英 virus　①最も簡単な微生物の一種。核酸としてDNAかRNAのいずれかをもち、タンパク質の外殻で包まれている。動物・植物・細菌を宿主とし、ほとんどのものがその生合成経路を利用して増殖する。②コンピュータ・ウィルスの略。コンピュータ・ウィルスを参照。

ウイング 英 wing　①翼。②建物などの、翼のように張り出した部分。

ヴィンテージ 英 vintage　①ワインの醸造年。②特定の地域・年に醸造した高級ワイン。③年代もの。年齢。

ウィンドウズ 英 Windows　米マイクロソフト社が開発した、パソコン用OS（オペレーティング・システム）。現在もっとも普及しているOS。世界のパソコンの8割は、このOSを搭載していると言われている。95、98、98SE（セカンド）、2000、Me、XPなどのヴァージョンがある。

ウェイト 英 weight　①重み。重要視すること。幾つかの物事のうち、そのひとつを重要視する際に「ウェイトを置く」と表現する。②総合指数を計算する場合に、各項目の重要度の違いを計算する方法（加重平均指数）における重要度。

ウェザー・マーチャンダイジング 英 weather merchandising　製造業、流通業など向けに付加価値を付けた気象情報。

ウェストミンスター・モデル 英 Westminster Model　政府の権限を内閣、特に首相に集中した政府体系を指す。主に、イギリス型の議会制度を指して用いられる。ウェストミンスター（Westminster）は、イギリスの首都ロンドン中心に位置し、国会議事堂やバッキンガム宮殿がある。

ウェッジ[英] **wedge**　①楔。②洋服の型紙にV字型のひだを入れること。またはそのひだ。③頭部がくさび型のゴルフクラブ。

ウェブ・マスター[英] **web master**　ホームページの運営を担当する者。

[関連]**ウェブサイト**[英] **Web site**　ホームページなどのコンテンツが置かれているインターネット上の場所を指す。

[関連]**ウェブジン**[英] **webzine（web+magazine）**　インターネットのホームページ上に作られた雑誌。ウェブマガジン。

ウェル・ビーイング[英] **well being**　満足している状態、不安のない様子を指す言葉。福祉サービスにおける質的向上を目指す議論において、用いられることがある。

ウェルネス[英] **wellness**　健康であること。健康の向上を目指す生活指向。

ウォーター・フロント[英] **waterfront**　水辺、水際（みずぎわ）。都市問題、都市化、都市建設において、ウォーターフロントをアメニティ指向の土地利用にしようという考えが世界的に認められてきている。

ウォーミング・アップ[英] **warming up**　本格的な運動の前の準備運動。

ウォール・ストリート[英] **Wall Street**　ニューヨークにある米国金融の中心地。

エ

エー・ディー・エス・エル英 ADSL（Asymmetric Digital Subscriber Line） 非対称ディジタル加入者回線。通常の電話回線（銅線）を利用してインターネットの高速通信を可能とする技術。

エージェント英 agent 代理店。代理人。情報機関の協力者。

エートス希 ethos ①人間の持続的な性格の面を意味する語。②ある民族や社会集団に行き渡っている道徳的な慣習・雰囲気。

エア・ダスト英 air dust 空気中に漂う塵や埃。

エイ・オー入試（AO入試） 英＋和 admission office 学力試験に偏らず、受験生が自らを売り込む志望理由書を元に、個性、意欲などを総合的に判断する入試。

☞ **エイジェンシー**英 agency 特定の任務をもつ行政機関や部局のことを指す。⇒P35参照

エイジフリー英 age free 年齢による差別を行なわないこと。

エイズ英 AIDS（Acquired Immune Deficiency Syndrome） 後天性免疫不全症候群。ヒトエイズウィルスの感染によりTリンパ球が破壊され、免疫機能が低下する病気。様々な期間に及ぶ無症候性感染の後で、下痢、発熱、嘔吐などの諸症状が連続的、同時的に起こる。死亡率が高く、確固たる治療法も確立していない。血液・精液などを経由して感染する。

エイリアン英 alien ①外国人。②（SFなどで）宇宙人。

エキサイティング英 exciting 興奮させる様子。刺激的な様子。

エキシビション英 exhibition 展覧会。博覧会。

エキスパート英 expert 専門家。ベテラン。

 関連 **エキスパート・システム**英 expert system 専門家システム。専門家がもつ高度の知識を集積して、推論、分析、予測などが行える人工知能。

エキスポ英 expo 万国博覧会。国際見本市。

エキセントリック[英] eccentric 常軌を逸した、普通と著しく変わった、風変わりな。

エキゾチック[英] exotic 外国の、異国情緒の。

エクイティ[英] equity ①公正。②株式持分、普通株。

エクササイズ[英] exercise 運動、体操、練習。

エクスチェンジャブル・ボンド[英] Exchangeable Bond 株式転換条項付社債。EBと略す。

エクステンション[英] extension 延長。拡張。

エクストラネット[英] extranet 企業外の人々がアクセスすることができる、資格制限付のサイト。

エクスポート[英] export ①輸出。②他のコンピュータ・システムに情報を送り出すこと。

エグゼクティブ[英] executive 企業の経営者、幹部、管理職。行政府、行政官。

エクセル[英] Excel マイクロソフト社が開発したWindows対応の表計算ソフト。

☞ 現代行政用語

エイジェンシー[英] agency

特定の任務をもつ行政機関や部局のことを指す。現在では、独立行政法人や外庁制を「エイジェンシー化」と呼ぶことがある。エイジェンシーは、行政のコストと効率の向上を目指すために出現した。ニュージーランドやイギリス、それにオーストラリアがはじめたことで有名。政策を企画する部門とそれを実施する部署を分離することが、エイジェンシー化のもっとも大きな特徴。事業実施を担当するエイジェンシーに人事や財政、それに事業面における裁量権を付与し、業績評価システムの確立などを目指す。エイジェンシーは、1996年の「橋本行革」において郵政３事業などのエイジェンシー化が打ち出された。また各省付属の研究機関にとどまらず、国立大学や国立病院の独立行政法人化も進められている。内閣府独立行政法人評価委員会が年度ごとに業務実績評価結果を公表している。

エクセレント 英 excellent　優秀な、一流の、素晴らしい。

エコ・マネー 英 eco-money　特定の地域だけで通用する通貨で、何らかの形のサービスの対価として受け取り、それを使って、別のサービスを受けられる。80年代の欧米で始まり、現在、世界中で2500以上が流通するといわれている。

エコノミー 英 economy　経済、節約。

　関連 **エコノミカル** 英 economical　経済的、倹約的。

　関連 **エコノミスト** 英 economist　経済学者、経済分析の専門家。

　関連 **エコノミック・アニマル** 英 economic animal　経済的動物、損得しか考えない人間。かつてフランスのドゴール大統領が、日本の岸信介首相の態度について言った言葉と伝えられている。なお、ドゴール大統領は後年、池田勇人首相を「トランジスタのセールスマン」と表している。

☞ **エコロジー** 英 ecology　生態学、生態系。社会生態学、人間生態学。⇒P37参照

　関連 **エコ・カー／エコロジー・カー** 和製英語 ecology car　環境に与える影響に配慮して設計された自動車。

　関連 **エコ・シティー** 英 eco city　自然と共生できる都市づくりの概念。

　関連 **エコ（ロジー）・ショップ** 英 ecology shop　環境保護の理念を前面に押し出した店舗。

　関連 **エコ・タウン** 和製英語 eco-town　地域内の廃棄物ゼロを目指す事業。

　関連 **エコ・ツーリズム** 英 eco-tourism　地域生態系を破壊せずに観光事業を行おうとするもの。

　関連 **エコ・ツアー** 英 ecological tour　環境を守りながら自然を楽しむ旅行。

　関連 **エコ・ネット・コンソーシアム** 英 eco-net consortium　内外の電機メーカー75社でつくる環境推進団体。

　関連 **エコ・マーク** 英 eco mark　環境保護に役立つと認定された商品に付けられたマーク。日本環境協会が認定する。

関連 エコ・ミュージアム 英 eco museum　環境保全と地域発展をくみ合わせた考え方のひとつ。ものを収集し、保管、展示する従来の博物館と異なり、その地域の自然や生活を含む環境全体を現地にそのまま保存し、それらの展示を通して地域の発展を目指そうというもの。

関連 エコサイド 英 ecocide　環境汚染による生態系破壊、環境破壊。Ecology（生態学）とgenocide（民族虐殺）の合成語。

関連 エコロード 和製英語 ecological road　動植物の生態系に配慮した道路。

エス・イー（SE） 英 systems engineer / sales engineer　システムエンジニア。コンピュータシステムの開発担当者。セールスエンジニア。販売技術の専門家。

エスクロー 英 escrow　第三者預託方式。第三者に預けた証書が、一定条件が満たされた場合に効力をもつ方式。

エスコート 英 escort　護衛、護送。

エスタブリッシュメント 英 establishment　既存の体制、権力組織。あるいは組織、制度、施設。

☞ **エスニシティ** 英 ethnicity　文化、言語、伝統などを媒介に形成された民族的特性。⇒P38参照

エスニック 英 ethnic　人種の、民族の、少数民族の。少数民族。

☞ 現代行政用語
エコロジー 英 ecology

生態学、生態系。社会生態学、人間生態学。「家に関する学問」を意味するギリシャ語から派生した言葉。エコロジーの概念は3つに大分される。第一に、生物を含めた相互作用システムの学問。第二に、種同士の因果的相互作用。そして第三に、自然と人間との関係性に主眼をおいた、モラルの論議で、近年はこの意味で使われることが多い。ちなみにエコ（eco）は、エコロジーの略語。

関連 エスニック・コンフリクト 英 ethnic conflict　民族紛争。この紛争が激化した状況で、ある地域から特定の民族を完全に排除しようとする（戦闘）活動をエスニック・クレンジング（民族浄化）と呼ぶ。

エスプリ 仏 esprit　機知、才知、センス。あるいは精神、魂。

エターナル 英 eternal　永遠の、普遍の。

エッセンス 英 essence　本質。

エヌ・エル・ピー 英 NLP（Night Landing Practice）　夜間離発着訓練。

☞ **エヌ・ジー・オー 英 NGO（nongovernmental organizations）**　非政府組織。

☞ 現代行政用語

エスニシティ 英 ethnicity

文化、言語、伝統などを媒介に形成された民族的特性。エスニシティが問題となるのは、国民国家との関係においてである。従来、国家の枠組みと民族の枠組みは一致するものと考えられてきた。しかしながら、現在ではそのような国家と民族の一致は歴史的に作為されたフィクションなのではないか、という議論が出はじめている。それには2つの理由がある。一つは、欧米諸国でアジア、アフリカ諸国からの移民の定住化が進行し、彼らの社会参加と政治参加が重要な課題になってきたこと。二つ目は、国内の少数民族の自治運動や地域文化保護運動が隆盛し、国家の内部の文化的多様性が明らかになったことである。

☞ 現代行政用語

エヌ・ジー・オー 英 NGO（nongovernmental organizations）

非政府組織。本来はNPOとほぼ同義。NGOは特定の分野で政府に代わって様々な活動をする団体。近年、ヨーロッパなど注目される活動をしている。NGOが主役、政府・自治体は脇役になるような社会を「市民社会」と呼んでいる。日本ではNGOを国際的に活動する民間援助団体に限定して用いられる場合が多い。

☞ **エヌ・ピー・エム**英 NPM（New Public Management）　新行政管理学。新行政管理法、新行政経営論などとも呼ばれる。

☞ **エヌ・ピー・オー**英 NPO（nonprofit organizations）　特定非営利活動団体。多種多様な社会活動を行なう非営利の民間組織。

エピソード英 episode　挿話、逸話、挿入曲。

エピローグ英 epilogue　小説などの結びの言葉、終幕。

エポック英 epoch　新しい時代、画期的な出来事。

エマージェンシー英 emergency　非常事態、緊急事態。

☞ 現代行政用語

エヌ・ピー・エム英 NPM（New Public Management）

　新行政管理学。新行政管理法、新行政経営論などとも呼ばれる。行政改革に関連して、最近世界的に注目を集める考え方。その特色は、1．行政に市場原理を導入し、合理化を図ろうとすること。2．行政に競争原理をとり入れ、コスト削減に力を入れること。3．税収など財源に限りがあると考え、限られた収入をどうやりくり（マネジメント）するかを重視すること。4．政策を企画する部門と政策を実施に移す部門の二つに切断すること。5．政策の結果に格段の注意を払い、行政責任の明確化に力点をおくことなどである。

☞ 現代行政用語

エヌ・ピー・オー英 NPO（nonprofit organizations）

　特定非営利活動団体。多種多様な社会活動を行なう非営利の民間組織。学校、病院、老人ホームなどを経営する事業型NPOや、それらの活動を資金面で援助する助成財団、環境問題や人権問題などに国際的に連携して取り組む市民団体などがある。少子高齢化や経済の安定成長化を背景にして、NPOの活躍に期待が集まっている。しかし、経営基盤の確立や人材の育成などの面で抱える課題も多い。わが国ではNPO法（特定非営利活動推進法）が1998年3月公布され、小規模な団体でも法人格を取得しやすくなった。2003年3月現在で1万を超えるNPO法人が活動中である。

エミュレーション[英] **emulation**　コンピュータの機能や機構をソフトウェアやハードウェアを使って真似ること。

エミュレーター[英] **emulator**　他のコンピュータの装置やシステムの動作と同じになるように動作する装置。

エム・アール・ピー[英] **MRP (material requirement planning)**　資材所要量計画。

エム・アンド・エー[英] **M&A (merger & acquisition)**　企業の合併および買収。

エルニーニョ[西] **El Nino**　ペルー沖で南東貿易風が弱まり、赤道海域から暖水塊が流れ込むために海水温が上昇する現象。エルニーニョとは「クリスマスの子供」(The Christmas child) の意味で、クリスマスのころに発生することから命名された。

エルピージー[英] **LPG (Liquefied Petroleum Gas)**　液化石油ガス、LPガス。

エレクトロニクス[英] **electronics**　電素工学。

エレクトロボイス[英] **electrovoice**　電子音声。

エロキューション[英] **elocution**　演説法。

エンカウンター[英] **encounter**　遭遇。または、自己や他者との出会い、本音と本音の交流が自由にできる関係のこと。

エンカレッジ[英] **encourage**　励ます。

エンクロージャー[英] **enclosure**　囲いをすること、閉じ込めること。

エンゲル係数[英+和] **Engel's coefficient**　家計での全支出に占める食費の割合。

エンサイクロペディア[英] **encyclopedia**　百科事典。

エンジェル（エンゼル）[英] **angel**　①天使。②起業して間もないベンチャー企業に資金を提供する個人投資家。もともとは、アメリカでミュージカルの制作へ資金提供を行う人を指してエンジェル（天使）と呼んだことにちなむとされる。

エンジニア[英] **engineer**　技術者。

エンジン[英] **engine**　機関。

エンタープライズ[英] **enterprise**　大事業、企業。

エンティティ[英] **entity**　実体、本質。

エンドユーザー[英] **end user**　最終使用者。コンピュータからの出力結果を実際に利用する人。

エントランス[英] **entrance**　入り口。

エンドレス[英] **endless**　終わりのない。

エントロピー[英] **entropy**　統計力学用語では系の無秩序さの尺度。情報理論ではある状態に関する情報の欠如を示す量。

エンバイラメント[英] **environment**　環境。

エンパシィ[英] **empathy**　共感、感情移入。

☞ **エンパワーメント**[英] **empowerment**　①授権。②能力開化、能力強化。経営用語としては、組織の第一線に権限を委譲する組織運営の方法を指す。

エンフォースメント[英] **enforcement**　法執行。

エンブレム[英] **emblem**　象徴、紋章。

エンプロイアビリティ[英] **employability**　雇用可能性。社会人の雇用され得る能力。

☞ 現代行政用語

エンパワーメント[英] **empowerment**

①授権。②能力開化、能力強化。経営用語としては、組織の第一線に権限を委譲する組織運営の方法を指す。ジェンダーや男女平等に関連する文脈では、さまざまな場面における女性の社会参加や男女間格差の解消を目指す活動をエンパワーメントと呼称することがある。

オ

オー・イー・エム🇬🇧 OEM（Original Equipment Manufacturing）　相手先商標製品の製造、供給。あるメーカーが開発もしくは製造した製品を、別ブランドで販売することをさす。開発元、製造元の企業はライセンス契約に基づいて、販売元となるメーカーに自社製品を供与する。

オー・エー🇬🇧 OA（office articles）　オフィス用品、オフィス機器。

☞ **オー・ディー・エー**🇬🇧 ODA（Official Development Assistance）　政府開発援助の略称。

オークション🇬🇧 auction　競売。

オーセンティック🇬🇧 authentic　本物の、確証のある。

オーソドックス🇬🇧 orthodox　正統派の。

オーダーメード🇬🇧 order made　誂え。

オーディエンス🇬🇧 audience　観客、聴衆。

オーディション🇬🇧 audition　歌手、俳優などの声の質や演技を試す視聴・試演。

オーティズム🇬🇧 autism　自閉症。

オートクチュール🇫🇷 haute couture　①高級服飾店にて特別に仕立てられた服。ファッション（業界）。②パリの高級衣服店協会加盟店。

☞ **現代行政用語**

オー・ディー・エー🇬🇧 ODA（Official Development Assistance）

　　　　政府開発援助の略称。発展途上国の経済・社会の発展や、福祉の向上に協力するために、政府資金で行なわれる援助。いくつかの形態があるが、供与条件をもとに分類すると、返済や利子の支払い義務のない「贈与（無償資金・技術協力）」と、返済義務を伴う「借款（融資・貸付）」、及び国際開発機関への出資・拠出の3つに大別される。日本の場合、主要な外交手段として用いられることから、国益を重視する立場をとっており、しばしば他の援助国からの批判の対象となることもある。

オートクラシー[英] autocracy　独裁政治、独裁国。大衆を操作することによってその支持を得つつ行なわれる、少数者による専断的な支配。

☞**オートノミー[英] autonomy**　自治。

オーナー[英] owner　所有者。

オーバーシュート[英] over shoot　相場の行き過ぎ。

オーバーステイ[英] overstay　超過滞在、外国人の不法長期滞在。

オーバーラン[英] overrun　着陸した飛行機が滑走路の端から飛び出すこと。機械の能力限界を超えて運転すること。

オープン・ウォーター・スイミング[和製英語] open water swimming　自然の海や河川、湖沼で行われる競泳。

オープン・エア[英] open-air　戸外の、野外の。

オープン・システム[英] open system　①医療分野で、開業医が病院と契約を結び、入院を必要とする患者をその病院に入れ、自ら治療を続ける方式のこと。②国際標準や業界標準となっている仕様を採用しているOS、ハードウェア、通信機器などの製品を使って作られたコンピュータ・システム。異なる製造業者の機械が接続できる。

☞**現代行政用語**

オートノミー[英] autonomy

自治。「自ら治める」という意味のギリシャ語“aut-”“nomuos”に由来する。分権と一緒に使われることが多い。自治が最近、改めて注目を集める。個人であれ組織であれ、自分に関わることは、自分で決めたいと思う。それを自己決定と呼ぶが、これは個人や組織が生まれながらにしてもつ願望である。自己決定には自己責任が伴う。それら２つの要件が備わってはじめて、自治がなりたつ。日本では、行政に関しては、従来から大陸型の国が自治体に対して自治を保障する「団体自治」と、住民の意思を最優先に考えるアメリカ・イギリス型の「住民自治」とに分類されてきた。自治は民主制の質向上に不可欠という見方が、日本では支配的である。

オープン・スカイ🇬🇧 open sky　航空市場の自由化。便数や運航企業などの全面的な自由化のこと。

オープン・スペース🇬🇧 open space　都市や敷地内で建物のたっていない場所。

オープン・ラボラトリー🇬🇧 open laboratory　実験棟。

オーラル・ヒストリィー🇬🇧 oral history　口述歴史、その文献。

☞ **オールド・エコノミー**🇬🇧 old economy　従来の形態の経済・産業。⇒P45参照

オールド・カマー🇬🇧 old comer　在日韓国・朝鮮人など旧植民地出身者およびその子孫。

オイル・トラップ🇬🇧 oil trap　油流出防止装置。

　関連 **オイル・フェンス**🇬🇧 oil fence　河川や海上などに流出した油脂類の拡散防止用具。防油柵。防油のための浮き輪。

オイルショック 和製英語 oil shock　1970年代に2度発生した、石油生産量の減少による価格の急激な上昇とそれによって引き起こされた世界的な混乱を指す。1973年の第1次オイルショックは、中東の石油生産国が生産量を減らし、石油の値段を引き上げたことにより発生した。この事件により、石油輸入国の産業活動は停止状態に追い込まれ、日常生活にも大きな影響が出た。当時、石油輸入国は、石油の供給の大半を中東諸国に依拠していたため、問題は深刻であった。1979年には、イラン革命をきっかけに石油価格が急上昇し、第2次オイルショックが発生した。日本の企業は、第一次オイルショック以降、省エネ対策を進めていたので、比較的その影響が少なかったとされる。

オキシダント🇬🇧 oxidant　汚染大気中のオゾン・二酸化窒素、各種の有機過酸化物などの酸化性物質。

オストリッチ・ポリシー🇬🇧 ostrich policy　現実逃避、事なかれ主義。ダチョウ（英語でオストリッチ）は追い詰められると頭を砂に突っ込んで隠れたつもりになるということに由来する。オストリッチ・シンドローム（ダチョウ症候群）ともいう。

オゾン・ホール英 ozone hole　地表から約十数キロの高度に広がる成層圏の下部に存在しているオゾンの層が破壊され、人工衛星からの映像で観察すると穴が開いたようにみえる現象。オゾン層は、有害な紫外線が地表に届くのを防ぐフィルターのような役割を果たしており、オゾン・ホールから有害な紫外線が差し込むと、皮膚がんの増加など人間の健康へ大きな影響が及ぼされるとされる。1985年に始めて発見、報告されて以来、年々オゾン・ホールは拡大している。オゾン層破壊の主な原因は、冷却機器などに用いられるフロンガスにある。「モントリオール議定書」（1987年採択）と呼ばれる国際条約が柱となって、フロンガスの規制が取り組まれている。

オピニオン英 opinion　意見、世論。

関連 オピニオンリーダー英 opinion leader　世論形成者。世論指導者。一般的に、評論家、ジャーナリスト、あるいは様々な集団の指導者などを指して用いられる。社会科学における狭義の概念では、個人とマス・メディアの中間に位置する人物を指す。それらの人物は、マス・メディアから受け取った情報を、自らの近くに存在する個人へ伝える立場にある。

オファー英 offer　申し入れ、申し込み。

オフィシャル英 official　正式の、公式の。あるいは公務員、役人。

オフィス英 office　事務所。

関連 オフィス・ビル英 office building　オフィス利用を目的にたてられたビル。

☞ 現代行政用語

オールド・エコノミー英 old economy

　　　従来の形態の経済・産業。情報技術（IT）やバイオテクノロジー、ナノテクノロジーなど、新しい技術がもたらす経済を「ニュー・エコノミー」と呼ぶが、それに対応させて、従来の形態の経済・産業を「オールド・エコノミー」と呼ぶ。オールド・エコノミーの代表的企業は重厚長大産業に多いが、とくに旧態依然とした経営を続ける企業を指して言うこともある。

関連 オフィスセンター **英** office center 　事務センター。

オブザーバー **英** observer 　立会人。

オフサイド **英** offside 　スポーツでプレーを禁じられている場所、またはそれによる反則。

オフサイトセンター **英** off-site center 　前線拠点。原子力災害時などの最前線の対応センター。

オブジェ **仏** objet 　日用の既製品・自然物などを、そのまま独立した作品として提示して、日常的意味とは異なる象徴的意味を与える。

オブジェクション **英** objection 　異義、反論。

オブジェクト **英** object 　対象、客観。

オフショア **英** offshore 　海外、沖、域外。

オプショナル・ツアー **英** optional tour 　団体旅行に組みこまれる任意参加、別料金の小旅行。

オプション **英** option 　選択できるもの。選択肢。

関連 オプション・ペーパー **英** option paper 　実務担当者が作成する複数の実現可能な政策案。政策決定者に説明するため政策内容を簡潔に要約してある。

オプチミスト **英** optimist 　楽観主義者。

関連 オプチミズム **英** optimism 　楽観主義。

オプトエレクトロニクス **英** optoelectronics 　光電子工学。

オペ／オペレーション **英** operation 　①金融調節、公開市場操作。②作戦。③手術。

オペレーション・コントロール・センター **英** operation control center 　航空機の運航や整備などのコントロール機能を集約したセンター。

関連 オペレーション・センター **英** operation center 　業務管理の中心となるところ、飛行機の運航管理を行う施設。

オペレーター **英** operator 　機械を操作する人。コンピュータの操作係。運行業者。実際の船舶運行を取り扱う海運業者。

オペレーティング・システム[英] **operating system**　コンピュータを作動させるのに必要なプログラム群。ウィンドウス、マッキントッシュ、リナックスなど。OSと略される。

オマージュ[仏] **hommage**　賛辞。敬意。

オリエンテーション[英] **orientation**　新しい環境や職場に適応するように行う指導。仕事、勉強、活動などを始めるにあたっての説明会。進路指導。方向付け。

オリジナル[英] **original**　原型、独創的。

☞**オルタナティブ**[英] **alternative**　代案・代替物の意。または、既存のものに対する、もうひとつのもの。

☞現代行政用語

オルタナティブ[英] **alternative**

代案・代替物の意。または、既存のものに対する、もうひとつのもの。産業社会に対抗する人間と自然との共生社会を目指す生活様式・思想・運動の意味でも用いられる。行政においては、ある政策に対し、「賛成」「反対」の二分論ではなく、有意義な対案を示すことで、政策議論の内容を充実させようとすることとして使われる。

☞現代行政用語

オンブズマン[スウェーデン] **ombudsman**

もともと護民官と訳されてきたスウェーデンに起源をもつ制度。行政に対する市民の苦情などを処理し、行政を監視する役割を担う人々のこと。条例などによって設置された公的なオンブズマン（自治体オンブズマン）と、NPOなどによる市民オンブズマンとがある。公的なオンブズマンの場合、市民から行政に寄せられる苦情を処理するため調査権を制度としている事例が多い。原因が制度や運営の欠陥によると判断された場合、首長に対し是正勧告や意見表明を行なう。ただ、日本で注目を集めてきたのは、市民オンブズマンである。自治体のカラ出張や首長の交際費の公開などを問題としてきた。

オンデマンド 英 on-demand　注文に応じて提供する。インターネットで利用者の求めに応じて音楽・映像などを配信する。

☞ **オンブズマン** スウェーデン ombudsman　もともと護民官と訳されてきたスウェーデンに起源をもつ制度。行政に対する市民の苦情などを処理し、行政を監視する役割を担う人々のこと。⇒P47参照

オンライン 英 online　コンピュータ・システムで、端末の入出力装置などが通信回線を通じて中央の処理装置と直接つながっている状態。

関連 **オンライン・ショップ** 英 online shop　商用データベースサービスの電子掲示板や電子メールなどの機能を使った通信販売。

カ

カー・シェアリング🇬🇧 car-sharing　渋滞や駐車場不足などの交通問題の緩和を狙い、1台の車を複数の人が共同で使うこと。日本では都市部を中心に自治体が主導する。

カーソル🇬🇧 cursor　コンピュータの画面で、次に文字などを入力できる位置を示すマーク。

ガーディアン・エンジェルス🇬🇧 guardian angels　非武装の民間防犯団体。非行に走る可能性のある青少年と対話し、未然に非行を防ぐことを主目的とする。1990年代にニューヨークで誕生。

ガイア🇬🇷 Gaea　①ギリシア神話の大地の女神。②地球の生態系をひとつの生命体に見立てる環境保護思想。

ガイダンス🇬🇧 guidance　案内、指導。

ガイドライン🇬🇧 guideline　①指針、目標、指導方針。②日米安保条約のガイドライン（防衛協力のための指針）。

カウンセラー🇬🇧 counselor　顧問、相談相手、相談員。特に臨床心理学的な相談員。

カジノ🇮🇹 casino　ルーレットなどを備えた公認の賭博場。もとはイタリアの夏の別荘の意。

カスタマー🇬🇧 customer　顧客、消費者。行政サービスを受ける立場にある市民を商取引と同じように「お客様」と考え、サービスの向上を図る。自治体行政でも、「顧客満足度」が問題視されてきている。

　関連 カスタマイズ🇬🇧 customize　顧客の注文に応じて商品・サービスを作り変えること。

カタストロフィー🇬🇧 catastrophe　突然の大変動、大災害。

ガット🇬🇧 GATT（General Agreement on Tariffs and Trade）　関税と貿易に関する一般協定。1948年1月に発足。関税や輸出入障壁の削減を推進し、戦後の自由貿易体制を支えた。1995年1月、ガットはWTO（世界貿易機構）に引き継がれた。

カバード・ワラント 英covered warrant　株式あるいは株価指数オプションを証券化して市場に流通させたワラント債。権利の対象となる企業以外が発行する。

☞ **ガバナンス** 英governance　協治、共治とも訳される。社会運営の方法を表す言葉。

☞ 関連 **ガバナビリティー** 英governability　統治可能性、統治能力。

☞ 現代行政用語

ガバナンス 英governance

　協治、共治とも訳される。社会運営の方法を表す言葉。ガバメント（政府）の機能が低下してきた状況に対応するあたらしい概念。ガバナンスは、市民やNPO、NGO、企業などが、行政活動に自主的に、しかも積極的に参加する社会運営の方法を念頭にした表現。それらの民間団体に政府や自治体も絡んで、様々な組織や機関がヨコ一列に協働しながら諸問題の解決にあたる、それがガバナンスの本質である。ガバナンスでは、行政活動の透明性や説明責任の重要さが強調される。

☞ 現代行政用語

ガバナビリティー 英governability

　統治可能性、統治能力。政府の統治能力は年々きびしくなっている。とりわけ1980年代以降、先進国を中心に政府が対処すべき問題が拡大する傾向にある。景気後退とデフレの同時進行など、政府はこれまで直面したことのない難題に直面している。それに政府はどう対応するか、術はなかなか見つからない。政府の課題処理能力が低下しているといわれるゆえんである。一方、高齢化などに付随して、行政サービスに対する市民の要求も増加している。政府は、限られた人員と資源のなか、そうした限りない市民からの要求にどう応えるか、統治能力が一段と問われる。今後、政府はNGOやNPOなど非政府組織と協働することが必要とされる。（ガバナンスを参照）

カルテル⑳ kartell　同じ業種の複数の企業が、共同で市場を支配することを目的とした協定を結ぶこと。独占禁止法により、原則として禁止されている。

キ

キ

ギガ[希] **giga**　10億倍あるいは10億を意味する接頭語。

キックバック[英] **kickback**　割戻し金、リベート。

☞**キット**[英] **KIT**（**knowledge, innovation and technology**）知識、技術、革新。

ギフ[英] **GIF**　ネット上で画像をやり取りするためのファイル形式の１つ。

キャスティング・ボート[英] **casting vote**　議会において、議決の結果が賛否同数になった際、議長が投じる一票のこと。転じて、政権運営の重大な局面において、その動きが結果を左右する議員や政党を指して、「キャスティング・ボートを握る」と用いられる。

ギャッジ・ベット[英] **Gatch bed**　床面が様々に角度をかえられる介護用のベット。アメリカの外科医ウィリス・ギャッチが1909年に導入。

キャッシュ・オン・デリバリー[英] **cash on delivery**　現品到着払い。商品の配達と引き換えに代金を支払うシステム。

キャッシュ・フロー[英] **cash flow**　現金の流出入。キャッシュ・フロー計算書。

キャッシュレス[英] **cashless**　現金を媒介しない商取引形態。クレジットカード、電子取引の普及に伴うもの。

キャッチ・アップ[英] **catch up**　追いつくこと。かつての日本の成長志向の経済政策をキャッチ・アップ政策ともいう。高度成長期の経済政策が、欧米諸国に「追いつき、追い越す」ものであったことから。

キャパシティ[英] **capacity**　能力、容量、収容力。

☞**現代行政用語**

キット[英] **KIT**（**knowledge, innovation and technolog**）

知識、技術、革新。政府の統治能力を高めるために必要なものとして、国連などで用いられている。

キャピタリズム 英 capitalism　資本主義。資本を主体とする経済体制。古典的な定義では、生産手段および生活資料を資本とする少数の資本家が、利潤を目的に労働者を搾取し、それらの労働力で商品を生産する経済体制。労働力に対して払われた価格と商品の価格との差額が、資本家の利潤とされる。

キャピタルゲイン 英 capital gain　①資本利得。株式の値上がりなどによる利得。②資産売却所得。資本売却差益。

☞ **キャビネット** 英 cabinet　内閣。

ギャランティー 英 guarantee　①保証、担保。②契約出演料、給料。

☞ **キャリア** 英 career　①仕事、職業。②国家公務員Ⅰ種試験に合格した国家公務員の通俗称。③医学用語で、感染者。保菌者。

キャリア・パス 英 career pass　業務に対する経験を積みながら、役職や職場を移動する経歴。

キュレーター 英 curator　学芸員。

☞ 現代行政用語
キャビネット 英 cabinet
　　内閣。「立法」「司法」に並ぶ国の三権のひとつである「執行」を担当する行政府の最高意思決定機関。内閣総理大臣及び国務大臣で構成され、国務大臣の任免権は内閣総理大臣が持つ。内閣総理大臣の統率の下、議会に対し連帯して責任を負う。

☞ 現代行政用語
キャリア 英 career
　　①仕事、職業。②国家公務員Ⅰ種試験に合格した国家公務員の通俗称。旧帝国大学出身者がほとんどを占め、特に東京大学法学部出身者の割合が高い。Ⅱ種・Ⅲ種の職員（ノン・キャリア）に比べて早い速度での昇進が慣習上保障されている。こうした、国家公務員法にない特別扱いは、人事運用を妨げるという意見もある。③医学用語で、感染者。保菌者。

ク

クアハウス 🄰 Kurhaus　美容、健康などを目的とした多目的温泉施設。

クエスチョン・タイム 🄰 question time　党首討論。英国下院本会議の党首定例討論がはじまり。日本でも、1999年10月の第146回臨時国会で試験的に導入された。2000年1月の通常国会から行われている。導入の目的は、与野党の党首が国家運営や政策をめぐる双方向的な議論を行なうことにあった。しかし、実際には、党首の単なるパフォーマンスの場になっている。時間の制約などから議論が噛み合わないまま終わっているとの批判もある。

クォーター制 🄰+🄰 quota system　輸出入割り当て制度。輸出入品目の数量・金額に一定の枠を設けて輸入を制限すること。

クオリティー・オブ・ライフ 🄰 quality of life　終末期医療用語で、自分の生存状況に対する全般的活主観的な幸福度。満足、生きがい、喜びなどの意識も含まれる。略称はQOL。

クライアント 🄰 client　得意先、依頼人、広告主。

クライエンタリズム 🄰 clientelism　情実主義、縁故主義、恩顧主義などと呼ばれる。地縁や血縁などの私的な人間関係によって公職者を任命したり、利益誘導を行ったりすること。クライエンタリズムの弊害は、汚職や合理的な政策実施の障害として現れる。日本政治にもクライエンタリズム的な要素が多々見受けられるが、国家公務員制度はメリット・システムが定着しているためクライエンタリズムを免れているという評価がある。メリット・システムを参照。

☞ **クライシス・マネジメント** 🄰 crisis management　危機管理の意味。⇒P55参照

クラウディング・アウト 🄰 crowding out　公債発行にともなう利子率の上昇が民間投融資を抑制し、公共支出が民間支出を押し出してしまうこと。

グラウンド・ゼロ🔤 Ground Zero　①爆心地。②2001年9月11日の米国同時多発テロ事件以降は、被害の現場であったニューヨークの世界貿易センタービル跡を指すことが多い。

グラス・シーリング🔤 glass ceiling　目に見えない天井、不可視障壁。管理職採用や昇進に際しての、女性に対する企業内でのインフォーマルな差別などを指して用いられる。

☞ **グラス・ルーツ**🔤 grass roots　草の根。

クラスター🔤 cluster　群。同種類のものの集合。ブドウなどの房。

> ☞ 現代行政用語
>
> ### クライシス・マネジメント🔤 crisis management
> 危機管理の意味。自然災害や人的事故の発生に備えてあらかじめ対応策を考えておくこと。Emergency ManagementやRisk Managementなどの表現で呼ばれることもある。危機管理は、(1) 事前準備、(2) 応答性、(3) 復旧性、(4) 減災性の4つの要素を含む。危機の発生に備えて、組織を整備すること、人事配置を考えること、施設や機材を準備すること、それに危険物をあらかじめ撤去しておくことなどが、それらの要点である。日本で危機管理という言葉が一般化したのは、1995年の阪神大震災からである。現在、各地の自治体が、大規模災害や食品安全、学校の安全などに関する危機管理マニュアルづくりを進めている。

> ☞ 現代行政用語
>
> ### グラス・ルーツ🔤 grass roots
> 草の根。国民や市民が、政治や行政に積極的に参加し、市民ベースの政治運営を図ること。アメリカ第7代大統領アンドリュ・ジャクソン（1829-37年）の時代に出てきた表現。それまでの大統領が名望家出身者で占められたことに対して、ジャクソンは一般市民の力で政治を運営することを企図した。その際のスローガンが、「草の根」と「コモン・マン」（一般市民）という表現である。以来、「草の根」はデモクラシーの同義語と考えられるようになった。

グランド・デザイン 🇬🇧 grand design　大規模な事業などの、全体にわたる壮大な計画・構想。

グランド・ワーク 🇬🇧 Grand Work　住民、行政、企業の3者のパートナーシップが軸となり、グランド（生活の現場）に関するワーク（創造活動）を行うことで、自然環境や地域社会を整備・改善していく活動。行政がトップダウンで決定・実施する従来型の施策とは異なり、住民と企業を不可欠のメンバーとするところが特徴的である。

グリーン・カード 🇬🇧 green card　米国の永住許可証。

グリーン・ツーリズム 和製英語 green tourism　農村地域での長期滞在・低料金・自然活用型の保養。たとえば、観光・体験農園、ふるさと会員制度、森林や棚田のオーナー制度などの事業がある。グリーン・ツーリズムは、短期滞在・高料金・施設利用型だった従来のリゾート開発の行き詰まりによって注目を集めている。

グリーン・フィットネス・パーク 和製英語 green fitness park　年齢や体力にかかわらず、だれもが健康運動を行える、地域住民の健康づくり公園。

グリーン・ベルト 🇬🇧 green belt　都市を取り囲むように作られた緑地帯。イギリスの田園都市構想が起源。

グリーン・マネー 🇬🇧 green money　環境志向の個人資金。

グリーンピース 🇬🇧 Greenpeace　世界規模で活動する環境保護団体で、国際的なNGO。本部はアムステルダムにあり世界の会員は約300万人。1971年、アメリカの核実験へ抗議するため集まった活動家たちによって立ち上げられた。センセーショナルな直接的行動で有名。

クリエィティブ・フェイリャー 和製英語 creative failure　創造的失敗。失敗を悪いものと捉えず、むしろ失敗からこそ新たな成功や発展の可能性が生まれるという逆転の発想。近年は失敗そのものを研究対象とする失敗学が注目を集めている。

クリック 🇬🇧 click　コンピュータ用語で、マウスのボタンを押すこと。

グループ・ハウス 和製英語 group house　健康な高齢者が一つ屋根の下で協同で暮らす施設。

グループ・ホーム 英 group home　自立をめざす少人数の障害者や痴呆性老人と世話する人が一緒に暮らせる福祉施設。

クレオール 仏 Creole　異文化の接触による混交言語、融合文化。本来、クレオールとは西インド諸島・中南米に移住した白人およびその子孫を指した。

クレジット・クランチ 英 credit crunch　貸し渋り。金融機関による貸し出しが厳格で、借り手が資金調達に困難を覚える状態。

クレジット・ライン 英 credit line　与信枠。どの程度まで相手にお金を貸すことが可能かを示す数値。

クローズド・ショップ 英 closed shop　企業採用時に組合員であることを雇用の条件とする制度。

☞ **グローバリゼーション** 英 globalization　地球規模の一体化が進むこと。

関連 **グローバル・エコノミー** 英 global economy　世界経済。1990年代、通信運輸技術の向上や社会主義経済陣営の自由主義化によって経済のグローバル化が加速された。ヒト・モノ・カネの世界的一体化が進む一方、連鎖的な通貨危機や世界同時不況を発生させている。

関連 **グローバル・ガバナンス** 英 global governance　世界秩序のあり方を捉える概念。特に秩序形成の主体が主権国家にとどまらず、市民、NGO、自治体、多国籍企業、国際機関などが協力して問題解決にあたる側面を強調する。

☞ 現代行政用語

グローバリゼーション 英 globalization

地球規模の一体化が進むこと。ヒト・モノ・カネ・情報が国境を超えて行き交い、政治、経済、社会、文化など様々な分野で地球規模の一体化が進むこと。経済的分野での統合は、通信運輸技術の発展や社会主義国の市場経済化が大きな推進力となった。政治的には欧米先進国、わけてもアメリカが多くの国際問題に対して圧倒的な影響力を発揮する体制が確立した。

関連 グローバル・キャピタリズム 英 global capitalism　世界経済における多国籍企業や大資本の影響力を重視する見方。どちらかというと経済のグローバル化の負の側面を強調する。反グローバリズム運動はこうした観点から巨大企業による短期の資本移動や投機的な取引が貧富の不平等感を強めていることを批判している。

関連 グローバル・キャリー・トレード 英 global carry trade　ヘッジファンドの為替売買をつうじた荒稼ぎのひとつの手法。円などで低利の資金調達をし、リターンの高い資産に投資するトレードのこと。このグローバル・キャリー・トレードは、当初こそ円安や対象資産のリターン向上などを生み出すが、問題はその反動として起こる急激な反対売買にある。過去にはドルが円に対して約1週間で18％も下落した例がある。

関連 グローバル・スタンダード 英 global standard　世界基準。

関連 グローバル・ローカリゼーション（グローカリゼーション）和製英語 global localization　"Think globally, act locally"（発想は地球規模で、行動は地域密着で）という考え方。

クローン 希 clone　遺伝的な構成がまったく同一の生物個体。もとはギリシャ語で小枝の意。クローン動物は受精卵クローンと体細胞クローンに分けられる。後者の例としては1997年にイギリスで作成されたヒツジのドリーが有名。技術的にはヒトのクローンを作り出すことが可能であるが、これは技術と倫理が対立する典型的な論点となっている。

クロス・ボーティング 英 cross-voting　交差投票。議会内での投票の際、議員が所属する政党に反対票を入れたり、反対党に賛成票を入れたりすること。日本は党議拘束が厳格で、かつ党内の手続きによって政策への賛否や修正が行われるため、交差投票はほとんどおこらない。

ケ

ケース・ワーカー 英 caseworker　貧困やハンディキャップなどを抱える個人・家庭を支援する福祉職員。日本では一般的に社会福祉士を指す。社会福祉士は医療を含めて約40ある社会サービス分野の国家資格のひとつ。1987年、社会福祉士及び介護福祉士法によって設けられた。

ゲートウエー 英 gateway　①通路、出入り口。②コンピュータ用語では、コンピュータネットワークをつなぐ装置。

ケア 英 care　世話、介護、保護。

　関連 ケア・アセスメント 英 care assessment　介護保険制度において要介護度を判定するための事前調査。

　関連 ケア・コーディネイト 和製英語 care coordinate　さまざまなケア・サービスを、介護を受ける本人のニーズに合わせて組みあわせること。

　関連 ケア・サービス 和製英語 care service　老人や障害者に対する医療・介護などの保健医療サービス。

　関連 ケア・サービス会議 和製英語　介護を受ける側も含めた、その地域のケア関係者によって開催される会議。この会議を通じて、地域のケア・サービスの質の向上を図ることが目的。個々人のケアに携わる人たちによって行われる会議をさすこともある。

　関連 ケア・システム 和製英語 care system　ケアシステムは、在宅の介護や生活支援を必要とする人々で、介護保険によるサービスの提供を受けられない人に対して、一人一人に最も適するように福祉・保険・医療サービスを組み合わせて提供する仕組み。

　関連 ケア・ハウス 和製英語 care house　自分で身の回りのことができる高齢者のための、低価格の老人ホームの1つ。2002年度からは、要介護でも生涯暮らすことのできる新型ケアハウスが導入されることになった。

関連 ケア・プラン 和製英語 care plan 介護サービス計画のこと。2000年4月から始まった介護保険制度は、要介護認定を受けた65歳以上の高齢者に在宅介護サービスか施設サービスを提供する。介護の申請にあたり、ケア・マネージャーと本人や家族が話し合い、サービスの内容や本人負担額を決めた介護サービス計画を作成する必要がある。

関連 ケア・マネージャー 英 care manager 介護支援専門員。介護保険を利用する高齢者の相談に応じて、本人の代わりに介護サービス計画を作成する。

ケインジアン 英 Keynesian 英国の経済学者ケインズ（1883-1946）の学説を継承する人々を指す。ケインズの唱えた総需要管理政策は、低金利、減税、公共投資などを通じて有効需要を増やせば、失業者を減らすことができるというものであった。これは、ケインズ以前の経済学が失業率を減らす方法は賃金の引き下げであると想定していたことに比べて、「ケインズ革命」と呼ばれるほどの大きな変化をもたらした。ケインジアンの思想は、日本の経済政策にも色濃く反映されている。1990年代の長期不況下では莫大な公共投資が実施されてきたが、それは必ずしも成果をあげていないのみならず、巨額の累積債務を築いている。

ゲゼルシャフト 独 Gesellschaft 利益社会。国家や企業のように、共通の目的意識や契約によって結びついた社会。ドイツの社会学者テンニエスが1887年主著『ゲマインシャフトとゲゼルシャフト』によって提起した概念。親族、地縁社会、都市共同体などのゲマインシャフトから、大都市、国家、国際社会などのゲゼルシャフトへと移行しつつあることを主張し、後の研究に大きな影響を与えた。

関連 ゲマインシャフト 独 Gemeinschaft 共同社会。家族や村落など。人間が自然に結びついた社会。

ゲットー 伊 ghetto ①ユダヤ人街。ナチス・ドイツにおけるユダヤ人の強制居住地域。②黒人などの少数民族の集団居住地区。

ゲノム🇩 genome　生物が生きていくために必要な遺伝子情報の1セット。

☞ **ゲリマンダー**🇬🇧 gerrymander　自党に有利なように選挙区を変更すること。

☞ 現代行政用語
ゲリマンダー🇬🇧 gerrymander
　自党に有利なように選挙区を変更すること。かつて米マサチューセッツ州のゲリー知事が不公平な区割りを行い、地図上で見たその区割りの形が伝説上の怪物であるサラマンダー（大トカゲ）に似ていたことから、揶揄をこめてゲリマンダー（gerrymander）と呼ばれたことにちなんだもの。1954年、鳩山一郎首相が自党に有利な小選挙区制の導入を図ったことから、ハトマンダーと呼ばれた。

コ

コーポラティズム 英 corporatism　協調組合主義、団体協調主義。労使の頂上団体のもとに労組・経営者団体が組織化され、政府とともに協調的な労働・雇用政策が展開される政治経済体制。中欧や北欧がその実例とされる。

☞ **コーポレート・ガバナンス** 英 corporate governance　企業統治。

コ・ジェネレーション（システム） 英 co-generation system　燃料を燃やして電力を生み出すと同時に、その廃熱を利用するシステム。これによりエネルギー利用効率を飛躍的に高めることができるとされている。

コ・ハウジング 英 co-housing　共同性を重視する住宅の総称。たとえば、入居希望者同士が建設組合をつくって共同でマンションを建設するコーポラティブハウス（corporative house）や、各戸に独立した機能を持つ住宅を集合住宅化して共同の保育所や食堂を設けたコレクティブハウス（corective house）などが挙げられる。

> ☞ 現代行政用語
> **コーポレート・ガバナンス** 英 corporate governance
>
> 　　企業統治。株主、経営陣、従業員などがともに経営に参加し、チェックすること。コーポレート・ガバナンスは国によって異なるが、日本企業の場合、かつては、終身雇用、年功序列、協調的企業内組合が主流であり、事実それにより成功した多数の企業が存在した。しかし、企業経営を巡る不祥事、また、欧米先進国やアジア諸国との競争の激化、融資元である銀行の破綻など、日本企業の存在自体が安閑と出来ない状況にある。この現状から、適法性、健全性の確保のみならず、企業経営の効率性を高め、その競争力を強化するにはどうすべきか、という観点からもコーポレート・ガバナンスのあり方が考えられてきている。

コア・コンピタンス🇬🇧 core competence　中核能力。企業の商品開発において他社が模倣できない、隔絶した価値を生み出す能力。

コアビタシオン🇫🇷 Cohabitation　フランスにおける保革共存政権。大統領と首相の所属政党が食い違う状況。コアビタシオンが生じたのは、1986〜88年のミッテラン大統領とシラク首相の組み合わせ、1993〜95年のミッテラン大統領とバラデュール首相の組み合わせ、1997〜2002年のシラク大統領とジョスパン首相の組み合わせである。2003年8月現在は大統領、首相ともに保守系政党が占めている。

コスタリカ方式〔西+和〕　衆議院議員選挙候補者の公認調整のための方法で、同じ選挙区を地盤とする複数の候補が競合を避けるために、小選挙区と比例代表を交互に入れ替わること。1994年の小選挙区比例代表並立制の成立がこの背景にある。コスタリカで国会議員の汚職防止を図るために連続当選を禁止していることにちなんでこの名がつけられた。

コスト・パフォーマンス🇬🇧 cost performance　原価あたりの効用。費用対効果比率。

コスト・ベネフィット・アナリシス🇬🇧 cost-benefit-analysis　費用対効果分析。公共事業の無駄づかいが問題視される中、公共計画の評価方法として導入されるケースが増えている。

コスモポリタニズム🇬🇧 cosmopolitanism　世界主義。人類がすべて同胞だとする立場。

コナベーション🇬🇧 conurbation　①連結。②連接都市。発生起源が異なる複数の都市で市街化が拡大した結果、それが一体化し、密接な関係となること。

コピー・アンド・ペースト（コピペ）🇬🇧 copy and paste　パソコン用語で、画面上の文章をコピーし、他の場所にそのまま写すこと。

コピーライト🇬🇧 copyright　著作権、版権。

コマーシャル・ペーパー🇬🇧 commercial paper　企業が短期の資金を調達するために短期金融市場で発行する無担保証券。CPと略す。

コマンド🇬🇧 command　指示、命令。

コミッション🇬🇧 commission　①手数料、歩合。②代理業務。③委員会。

コミットメント🇬🇧 commitment　介入、係わり合い、肩入れ。

コミューター・エアライン🇬🇧 commuter airline　地域エアライン。小型の飛行機によって、比較的近距離区間の運行を行う航空会社。

コミューン🇫🇷 commune　フランスなどで共同体や自治体の最小単位を指す。歴史上では史上初の労働者による自治政府だったパリ・コミューンが有名。1871年3月に全市民の選挙によって成立したが、同年5月当時の中央政府によって制圧された。

コミュニケ🇫🇷 communique　公式発表、共同声明。

コミュニタリアニズム🇬🇧 communitarianism　共同体主義。1980年代以降、米国で有力になってきた政治思想。家族や地域社会の解体の原因を個人主義、リベラリズム、コスモポリタニズムなどに求め、個人よりもコミュニティや伝統の重要性を強調する。リベラリズムやコスモポリタニズムが原則として普遍的な価値（自立した個人、人権など）を前提とするのに対して、コミュニタリアニズムは、規範や価値は社会によって異なると見なし、価値の普遍性を理由に人権思想などを他文化に強制することは出来ない、との立場をとる。

☞ **コミュニティ**🇬🇧 community　地域社会。共同体。

　（関連）**コミュニティ・センター**（和製英語）community center　地域社会の中心となる文化施設。

☞ 現代行政用語

コミュニティ🇬🇧 community

　地域社会。共同体。人間の共同生活が行なわれる一定の地域、及びその中の人間関係の総体を指す。コミュニティは、社会教育や自治活動の場として、民主主義の運営上、重要な要素とされてきた。しかし、産業化・都市化の進展に伴い、多くのコミュニティは衰退の危機にある。今後、こうしたコミュニティの維持、再構築が、大きな課題となる。

関連 コミュニティ・ゾーン 和製英語 community zone　通過交通の進入を抑え、歩行者が安心して歩ける空間を確保した道路が整備された住居地区。

関連 コミュニティ・ルーム 和製英語 community room　企業や学校、あるいは郵便局のような公共機関が、施設の一部を勉強会・文化会など多目的利用のために住民に提供するもの。

関連 コミュニティ道路 英+和　歩行者の安全を優先して設計された道路。たとえば、歩道と車道の境をジグザグにしたり、自動車が自然に減速するようなカーブを取り入れたりすること。

コモン・センス 英 common sense　一般的感覚。常識。

コモン・ロー 英 common law　英米法において、判例法として形成されてきた慣習法体系の総称。または、英米法の法体系全体を指す概念として用いられることもある。世界各国が採用している法は、大きく分けると大陸法（ドイツ、フランスなど）と英米法（イギリス、アメリカなど）に2分される。大陸法が「ローマ法大全」に起源を発する制定法主義である。一方英米法は、各地の氏族間紛争を解決するためにイギリスの国王裁判所によってなされた判決（判例）や、各氏族間の慣習を基にして、各氏族間の共通の法（common law）として生まれた判例法を基礎にしている。そのため、個々の裁判において下された判決が拘束力を持つ先例となり、その後類似した事件を裁くときにはその先例に従って判決が下される。

コラボレーション 英 collaboration　共同制作。

コレクティビズム 英 collectivism　集団主義。

コンカレント・エンジニアリング 英 concurrent engineering　各部門から人が集まり、横断的に問題を検討すること。

コングロマリット 英 conglomerate　業種・業務面で関係をもたない企業間の合併を通じて成長した複合企業体。

コンサルタント 英 consultant　専門知識や経験をもつ相談員。

コンシューマー 英 consumer　消費者。

コンセプト 英 concept　基本概念。

コンセンサス 英 consensus　合意。意見の一致。

コンソーシアム 英 consortium　①協会、組合。②3社以上の出資で作られた合弁会社。

コンタクト・シティ 和製英語 contact city　買い物や医療など生活に密着したサービスすべてを歩ける範囲内で受けることが可能な街づくりの発想。コンパクトシティともいう。エネルギーの有効利用・高齢化などに対応。過疎化した地方都市や都心で具体化が進行中である。

コンディショナリティ 英 conditionality　IMFが開発途上国に財政支援を行う際、支援の代償として履行を義務づけた経済改革の条件のこと。内容は各国ごとに異なるが、支出削減、成長率の抑制、外国人直接投資の緩和など、その内容は多岐にわたる。

コンテンツ 英 contents　内容。目次。目録。

コンビナート 露 kombinat　生産工程の密接に関連する近接の工場や企業を物理的に結合し、生産の効率化を図る企業集団。

コンピューター・ウイルス 英 computer virus　他のコンピューターのプログラムの中に潜り込んで、データを破壊したり消去したりするプログラム。

コンピューター・リテラシー 英 computer literacy　コンピューターに関する知識と操作能力。

コンプライアンス 英 compliance　遵守。法律遵守。一般的には、社会秩序を乱す行為や他人から非難される行為をしないことを意味する。しかしコンプライアンスが用いられる文脈は多様であり、たとえば、法律の遵守、企業倫理・経営倫理の遵守、医師の処方どおりに薬を服用することなども指す。

コンペティション（コンペ） 英 competition　競争。競技。試合。

コンベンション 英 convention　大会。

コンポスト 英 compost　①培養土。堆肥。植物の栽培に適するように調合された土壌。②ゴミ箱

コンメンタール 独 Kommentar　注釈、注解。

サ

サーズ 英 SARS（Severe Acute Respiratory Syndrom）　「重症急性呼吸器症候群」のこと。新型肺炎とも呼ばれ、病原体は新種のコロナウイルスであることが判明した。感染力が著しく高いことが大きな特徴で、2003年前半中国広東省で最初の患者が確認されてから中国本土を中心に香港、台湾、東南アジア諸国、カナダなどに瞬く間に広がった。感染拡大は沈静化したが、感染者は全世界で8000人を越え死亡者も800人を上回った。

サーバ 英 server　コンピュータ・ネットワークで根幹となる機能を担うコンピュータで、クライアント・コンピュータからの特定の機能の実行命令を受けて実行し、結果を提供する。

サービサー 英 servicer　債権回収専門業者。

サーベイ 英 survey　調査。ある領域をくまなく調べる。

サーベイランス 英 surveillance　監視、見張り。

サイエンス・パーク 和製英語 science park　国公立の研究機関、あるいは地場産業や企業研究所に核にしてつくられる地域社会。

サイト 英 site　インターネットで特定の情報を蓄積しているコンピュータを指すが、最近ではウェブサイトを指して用いられることが多い。各ウェブサイトにはアドレス（ホームページ・アドレス）が付与されており、利用者は直接アクセスすることが可能となっている。

サイバー 英 cyber　電子頭脳。サイバネスティクスの略語。

　関連 **サイバー・シティ** 英 cyber-city　電脳都市。

　関連 **サイバー・セキュリティ** 英 cyber security　コンピュータ内の情報の外部漏洩や破壊を防ぐこと。

　関連 **サイバー・テロリズム** 英 cyber-terrorism　インターネットなどを通じて不整侵入し、システムの破壊などを行う。

　関連 **サイバー・ポリス** 英 cyber-police　コンピュータ制御の警察。

- **関連 サイバースペース 英 cyberspace**　コンピュータ・ネットワーク上に作り出される仮想的な世界。
- **サイバネティクス 英 cybernetics**　通信、計算、自動制御などの研究と生物学の神経生理学などの成果を総合し、相互促進するための全体的展望。
- **サイレント・マジョリティ 英 silent majority**　物言わぬ大衆。声なき声。政治に対して積極的に声を上げない多数者のこと。本来、多数決原理が正しく機能するか否かはデモクラシーを成り立たせる重要な要素である。しかし、今日の公共政策は少数の専門家によって運営される。こうした少数者たちは自らの利害関係に非常に敏感である。それに対して、大多数の国民は政策から薄く広く影響をこうむるに止まることが多い。そのため、政治や政策に声を上げて積極的に働きかけることは少ない。
- **サスティナブル・コミュニティ 和製英語 sustainable community**　持続可能な地域社会。公共投資や企業誘致などに依存することなく維持可能な地域をめざすという含意がある。
- ☞ **サスティナブル・デベロップメント 英 Sustainable Development**　「持続可能な開発・発展」の意。
- **サテライト・オフィス 英 satellite office**　通勤の遠距離化・都市部のビル不足に対応して郊外につくられたオフィス。
- **サブプライム融資 英＋和 sub-prime**　信用度の低い顧客への貸し出し。

☞ **現代行政用語**

サスティナブル・デベロップメント 英 Sustainable Development

　「持続可能な開発・発展」の意。現在の資源を枯渇させないで、開発をつづける方法を模索すること。具体的には、環境保全と経済開発を対立的にとらえず、相互補完的なものととらえながら政策立案を進めることを意味する。国際自然保護連合（IUCN）が1980年に提唱し、「環境と開発に関する世界委員会」（ブルントラント委員会）が1987年に発表した報告書で中心概念になった。以後、世界的に広まった表現。

サプライチェーン・マネジメント🔠supply-chain management　受発注、資材調達、在庫管理、製品配送を、コンピュータを使って総合的に管理する方法。

サプライヤー🔠supplier　供給者。

サマータイム（和製英語）summer-time　およそ春分から秋分にかけての日の長い期間に時計を1時間進めて昼の時間を長くする制度を指す。英語では、Daylight Saving Time（DST）と書かれることが多い。日照時間が長くなることで余暇・娯楽に関連する消費が伸び、また照明や冷房の省エネ対策として効果を上げることが期待されている。日本でも一時は導入されたことがある。再導入については、経済効果や省エネ効果についてはっきりとした根拠が示されているとは言えず、導入に伴う混乱を懸念する声もある。

サミット🔠summit　①頂上。②主要国首脳会議。第1回はジスカールデスタン仏大統領の呼びかけで、石油危機への対応を話し合うため1975年パリ郊外のランブイエで開催された。当初はアメリカ、イギリス、フランス、西ドイツ、イタリア、日本の6カ国であったが、後にカナダ、EC委員会（現EU委員会）、ロシアがくわわった。ソ連の崩壊以降は地域紛争など政治問題を論じる舞台として期待されていたが、2001年に成立したアメリカのブッシュ政権は一国主義的な行動を志向し、サミットの存在意義は疑問視されるようになっている。

サラダ・ボール 英 salad bowl　サラダ用の器。転じて、アメリカ社会における多民族の共存の理念を表現した言葉。従来は人種差別主義と決別するための対抗概念として、「メルティング・ポット」（るつぼ）が用いられた。ここでイメージされたのは、多種多様な背景を持つ諸民族が、アメリカ的価値観のもとに一元化・均質化される姿である。しかしながら、1980年代以降、各民族固有の言語や文化を尊重すべきだとする意識が高まり、従来のメルティング・ポット論は強制的な同化主義として批判されるようになった。その結果、サラダのなかで野菜が個々の味を残しているように、それぞれ民族集団が独自性を維持したまま社会的統合を進める理念として、「サラダ・ボール」が用いられている。日本では川崎市が「サラダ・ボール」を外国人住民との共存の理念のひとつとして掲げている。

サンクチュアリ 英 sanctuary　聖域。自然保護区。中世ヨーロッパの教会領から。

シ

シー・アイ・オー 英 CIO (Chief Information Officer)　システムの構築や運営、投資配分のほか、電子商取引など新しい業務分野での戦略立案など、ＩＴ関連の全業務を統括する。

シー・イー・オー 英 CEO (Chief Executive Officer)　最高経営責任者、株主総会で選ばれた会長 (Chairman) を議長とする取締役会に業務内容を報告し、取締役会から監督される立場にある。行政においても、執行責任者を指す言葉として使われる。

　関連 シー・エフ・オー 英 CFO (Chief Financial Officer)　CFOは、CEOの決定を企業収益や株主価値の向上という視点から支えていく役割を担う。

　関連 シー・シー・オー 英 CCO (Chief Operation Officer)　最高執行責任者、業務の執行者で、ＣＥＯとは明確な上下関係がある。

シー・エヌ・エヌ 英 CNN (Cable News Network)　アメリカの24時間ニュース専門チャンネル。

ジー・エヌ・ピー 英 GNP (Gross National Product)　国民総生産。一定期間に一国において生産された財やサービスの総額。

　関連 ジー・エヌ・エイチ 英 GNH (Gross National Happiness)　経済活動以外の、国民の幸福度を表す概念。

　関連 ジー・エヌ・シー 英 GNC (Gross National Cool)　日本を指して最近出てきた言葉。Coolとは、「冷たい」という意味を持つ英語であるが、転じて「カッコイイ」という意味も持ち合わせる。マンガやゲームなど、ソフトの分野で、日本が世界の注目を集めている。その格好良さを表そうとする概念。

　関連 ジー・ディー・ピー 英 GDP (Gross Domestic Product)　国内総生産。一定期間に一国の領域内で生産された財やサービスの総額。GNPから海外での準所得を差し引いたものがGDPとなる。経済成長率は一定期間内におけるGDPの変化率から算出する。

ジー・ピー・エス🔲 GPS（Global Positioning System）　汎地球測位システム。GPS衛星から電波を受けて、船舶や航空機、自動車などが自分の位置を知る装置。

シー・ピー・ユー🔲 CPU（Central Processing Unit）　中央処理装置。コンピュータにおける制御装置と演算装置を合わせたもの。

☞ **シーリング**🔲 ceiling　①天井。②概算要求基準。

シーレーン🔲 sea lane　海上交通路、通商航路。

ジェイ・アール・エー🔲 JRA（Japan Racing Association）　日本中央競馬会。1954年、日本中央競馬会法によって設立された特殊法人。

ジェイ・エイ🔲 JA（Japan Agricultural Cooperatives）　農業協同組合。農協。1947年、農業共同組合法によって設立された協同組合。

ジェイ・エイチ🔲 JH（The Japan Highway Public Corporation）　日本道路公団。1956年に設立された特殊法人。高速道路や関連施設の建設と管理を業務とする。

ジェイ・ティー🔲 JT（Japan Tobacco Inc.）　日本たばこ産業株式会社。1985年、日本専売公社の民営化によって設立された。株式会社を名乗るが、全株式の2分の1以上を政府が保有しなければならない特殊会社。

ジェイペグ🔲 JPEG　画像ファイル方式の一つ。圧縮率を自由に選べるため、自然画像に適する。

☞ 現代行政用語

シーリング🔲 ceiling

①天井。②概算要求基準。各省庁が予算の概算要求を行うのに先立って、財務省から各省庁に示される要求・要望の基本的な方針のこと。この概算要求基準は、国の一般会計歳出から国債費と地方交付税交付金等を除いた、政策的に利用できる経費（一般歳出）について設定されている。

ジェトロ 英 JETRO（Japan External Trade Organization） 日本貿易振興会。1958年に設立された特殊法人。海外市場の調査や日本商品の宣伝を通じ、日本企業の支援を行うことを目的として設立された。近年は、中小企業の海外進出に対する支援もおこなっている。

ジェネラリスト 英 generalist 自分の能力や知識を一つの専門分野に狭く深く特化するのではなく、分野横断的に課題に対処できる人材。スペシャリストの対義語。

ジェノサイド 英 genocide 民族虐殺。皆殺し。たとえば、ヒトラーによるホロコーストや、民族紛争地域における特定民族の一方的虐殺などを指す。

☞ **ジェンダー** 英 gender 社会的性差。

 関連 **ジェンダー・エンパワーメント** 英 GEM（gender empowerment） 政治家や管理職の男女の割合などから、政治・経済活動での女性の進出の度合いを測る目安。

 関連 **ジェンダー・フリー** 和製英語 gender-free 性別による役割分担をなくすこと。

ジオ・フロント 和製英語 geo front 地下空間開発。ウォーターフロントに次ぐ活用空間として注目されている。

ジス 英 JIS（Japan Industrial Standard） 日本工業規格。

システム・アナリシス 英 systems analysis システム分析。

 関連 **システム・エンジニア** 英 systems engineer（SE） コンピュータのシステムの開発・設計を担当する技術者。

☞ 現代行政用語

ジェンダー 英 gender

 社会的性差。生物的・身体的な性差（セックス）ではなく、文化的・社会的に作られる性差のこと。特に女性の場合、社会進出の際、待遇などで差別的な扱いを受ける場合がある。近年は、ジェンダーを越えた「男女共同参画社会」の構築を目指す動きが、高まりつつある。

関連 システム・エンジニアリング 英 systems engineering システム工学、組織工学。

関連 システム・コンサルティング 英 systems consulting 情報システム全体を経営戦略、効率性、安全性などから総合的に評価、助言し、設計、調整を行う事業。

システム・ダウン 英 system down コンピュータが作動しなくなること。

シチズンシップ 英 citizenship 元来、古代ギリシアの都市国家に住む人びとを指した表現。転じて、市民権を意味するようになった。現在、ヨーロッパやアメリカでは国籍をシチズンシップと呼称している。市民権は、伝統的には憲法によって保障された自由権、参政権、社会権を指してきた。今日では、「シチズンシップ」は市民の政治意識や政治参加を指して用いられることが多い。

シックハウス症候群 英＋和 sick house syndrome 建材等から化学物質が出て生じるめまいや頭痛、皮膚障害等の健康障害。

☞ **シナジー 英 synergy** 経営用語で、相乗効果を意味する。

シネマコンプレックス（シネコン） 和製英語 cinema complex 複合映画館。

ジハード アラビア Jihad 聖戦。イスラム世界の拡大・防衛のための戦いを意味する。

シビック・センター 英 civic center 市民のための行政施設、文化会館など。

☞ 現代行政用語

シナジー 英 synergy

経営用語で、相乗効果を意味する。1＋1が2以上の効果を生むことを指す。国連がこの表現を行政の現場に関連する言葉として使ったことから、世界的に注目を集めるようになった。政府や自治体が市民やNPO、NGO、企業などと協働しながら社会運営を図っていくあたらしい行政形式を指す表現。

シビック・トラスト 英 civic trust　公益信託。市民活動などのための資金的基盤。住民や企業が資金を供出し、自然保護や地域環境の改善を行なう制度。1957年にイギリスで発足した。イギリスでは、1000を越す組織と約30万人の個人会員によって運営されている。具体的な活動としては、環境保全地区を無差別な開発から守る運動、歴史的価値のある建築物を保護する法律の成立、都市部における荒地の管理、大型車の都市内通過規制運動などがある。日本においても、都市や観光地のアメニティを向上させようとする住民の意識は高まっており、シビック・トラストを導入する試みが始まっている。

シビリアン・コントロール 英 civilian control　文民統制。軍隊（日本の自衛隊も含む）に対する最終的な指揮権は文民（非軍人）が握らなければならないという原則。先進民主主義国家の基本原則となっている。

☞ **シビル・ミニマム** 和製英語 civil minimum　快適な市民生活を送るために必要な最低限の環境条件のこと。

シャウプ勧告 英＋和 Shoup Recommendation　1949年、GHQに提出された、シャウプを長とする日本税制調査団の勧告。戦後日本税制の原形となった。

ジャス 英　JAS（Japanese Agricultural Standard）　日本農業規格。

☞ **現代行政用語**

シビル・ミニマム 和製英語 civil minimum

　　　市民としての生活を送るために必要最低限の条件のこと。特に自治体において、教育・衛生・環境・住宅などの分野で、目標とする行政基準のことを指す。1965年に政治学者・松下圭一が提起した概念で、都市型社会（高度産業化社会）における快適な市民生活のために必要となる最低限の生活権のこと。社会資本、社会保障、社会保険の3領域を課題として設定し、さらに、それぞれの基準達成を目指す政策基準を定めたことを特徴とする。

ジャスト・イン・タイム方式 和製英語　かんばん方式ともいう。トヨタが1970年代に確立した生産管理方式。必要なときに必要な量だけの部品を購入することで、在庫とコストの抑制を実現した。1980年代には、日本式経営の成功のカギを握るものとして世界的な注目を浴びた。

シャドー・キャビネット 英 shadow cabinet　イギリスの野党が政権交代を念頭につくった、政権党の内閣と同様のポジションからなる「影の内閣」。イギリスではその運営費は国費があてられる。

ジャバ 英 Java　ホームページの作成などに用いるプログラミング言語。1990年代初め、アメリカのサンマイクロシステムズ社が開発。

ジャンク・ボンド 英 junk bond　くず債券。

ショート・ステイ 英 short stay　短期滞在の意。日本では、短期入所生活介護の意味でも用いられている。

ジョイント・ヴェンチャー 英 joint venture　合弁事業。複数の企業による大型事業。

ジョブ・コーチ 英 job coach　知的障害者や精神障害者の雇用を支援し、就業の援助をする。

シリコンバレー 英 Silicone Valley　コンピュター関連産業が発展したカリフォルニア州サンフランシスコ湾南岸のサンノゼ周辺一帯の通称。

シンクタンク 英 thinktank　様々な領域の専門家を集めて、社会開発や政策決定などの複合的な問題や将来の課題を研究する機関。

シンジケート 英 syndicate　企業の独占形態の一つ。有価証券の引き受け団体。大がかりな犯罪組織。

シンジケートローン 英 syndicate loan　銀行が企業向けに多額の融資を実行する際に、複数の銀行が同一の融資条件で資金を分担する協調融資。

シンポジウム 希 symposium　古代ギリシアの酒宴、饗宴を意味する言葉が語源。特定の主題についての討論会。

ス

スキーム㊤ scheme　計画、企画、公的な計画。

スキミング㊤ skimming　データを盗み取る行為。

スクール・カウンセラー㊤ school counselor　学校のカウンセラーで子供と一対一の関係で問題を解決する。心理療法士などが配置される。

スクール・ソーシャル・ワーカー㊤ school social worker　学校で社会福祉的援助を行い、子供と周囲とのパイプ役を務める。

スクラップ・アンド・ビルド方式㊤ scrap and build system　もともと高度成長期に出てきた表現。古い建造物をあたらしいものに立て替え、経済効率を上げようとする手法。ただ、最近では行政組織の膨張を防ぐための表現として使用されることが多い。総務省行政管理局が採用している原則。行政機関が内部組織を新設する場合には、それに相当するだけの既存の組織を廃止しなくてはならない。

スクリーニング㊤ screening　ふるいにかけること。選抜。

スケープゴート㊤ scapegoat　身代わり、犠牲。山羊が人間の罪を背負うというユダヤ教の信仰に由来する。

スケールメリット㊤ scale merit　規模が大きいことに由来する優位性。特に経営学において、単位当たりの費用が経営規模の拡大につれて低下すること。

スターリンク🇬🇧**StarLink**　殺虫性蛋白質であるCry９C蛋白質を産生する遺伝子を挿入した遺伝子組換えとうもろこし（CBH351）。米国では、1998年に飼料用としての使用が認可されているが、食用としては認可されていない。日本では、1997年に食品としての安全性評価指針の確認申請が提出され、安全性審査を行っていたが、申請者より申請を取り下げる旨の届出があり、2002年に、薬事・食品衛生審議会への諮問を取り下げた。

スターリン主義（英＋和）　1929年から1953年までのあいだ、スターリンが維持した共産党と国家が癒着した一元的支配による独裁体制。

スタッフ機能（英＋和）　組織内において調査、分析、企画立案など組織自体のマネジメントを行なう部門。実務の執行を担当するライン機能と対比して用いる。スタッフ機能の起源は、19世紀にプロイセン陸軍が発案した参謀本部制度にあるという説も有る。

ステートマン🇬🇧**statesman**　政治家。英語では、私利私欲に走らない、高潔な政治家を指して用いられる。対して、私利私欲に走る政治家はポリティシャン（politician）という。

ステートメント🇬🇧**statement**　言及、声明書。

ステレオタイプ🇬🇧**stereotype**　①鉛版。ステロ版。②型にはまった、紋切り型のイメージ。

ストーカー🇬🇧**stalker**　獲物にこっそり近づく人の意。近年は女性や有名人などに付きまとうなど、陰湿的な迷惑行為をする人のことを指す。

ストック🇬🇧**stock**　ある一時点に存在する経済諸量の大きさを示す概念。対義語はフロー。

ストック・ヤード🇬🇧**stock yard**　回収された資源ごみの一時保管施設。

ストライキ🇬🇧**strike**　同盟罷業。労働条件の向上などのために、労働者が集団で業務を停止すること。

ストラテジー🇬🇧**strategy**　戦略。目的達成のために、大局的視点に立って定める方法論。

ストリートチルドレン🇬🇧**street children**　路上生活をしている未成年者。発展途上国などで問題化している。

スピンアウト 英 spin-out　会社をやめて独立して自分の会社をつくること。ベンチャービジネスに多い。

スピンオフ 英 spin-off　事業の一部を分離し、独立させる意味。また、従業員が個人又は集団で独立すること。

スプロール現象 英＋和　整合性を欠く都市開発などにより市街地が無計画に郊外に拡大し、虫食い状の無秩序な市街地が形成されること。日本ではスプロール化は、高度成長期に進んだ。当時の都市計画法が、「バラ建ち」など際限のない都市膨張を抑制できなかったのが大きな原因である。スプロール化を防止するためには、点ではなく面的な規制が必要とされる。日本の現状では法的規制はまだまだという意見がつよい。

スポークスマン 英 spokesman　代弁者。政府などを代表してマスコミに対し発表を行なう役職。近年は、「スポークスパーソン（spokesperson）」とも呼ばれる。

スポイルス・システム 英 spoils system　猟官制。選挙で勝った政党が公職の任免権を握る政治的慣習。アメリカ第7代大統領であるアンドリュー・ジャクソンの時代に出てきた仕組み。アメリカでは大統領が変わると、新任の大統領はおよそ4000人の人事を新しくしなければならないといわれる。日本でも戦前の大正期から昭和のはじめに同じようなことがおこった。政友会と憲政会が政権を争うなか、一方が政権をとるとほとんどの知事は政友会系、あるいは憲政会系に更迭された。スポイルス・システムと対照的な人事制度が、試験によって公正に採用・昇進を行なうメリット・システム（merit system）である。実力本位制、能力主義任用制とも呼ばれる。メリット・システムを参照。

☞ **スマート・カード** 英 smart card　IC（集積回路）を組み込んだカード。
　　⇒P80参照

ス

スローフード[英] **slow food**　地域ごとの伝統的な食材や調理法をみなおし昔からの味、食の多様性を守って行こうという運動。ファースト・フードの対義語となる概念。スロー・フードという言葉が提起している問題は食生活のスタイルにとどまるものではない。むしろ、この概念は、大量生産、画一化、効率化といった近代的なライフスタイル全体への疑問を投げかけている。この点をより明確に示す言葉として「スロー・ライフ」も用いられる。

スワップ取引[英+和]　将来の債務の支払いを両当事者が互いに変換することを約束した取引。ドル・円など異なる通貨の元金利の支払いを交換する通貨スワップと、円の長期固定金利と短期変動金利など同一通貨で異なる種類の金利を交換する金利スワップに大別される。

☞ 現代行政用語

スマート・カード[英] **smart card**

IC（集積回路）を組み込んだカード。従来の磁気カードに比べ、情報容量が格段に多い。クレジットカードなどでの利用が進んでいる。総務省では、行政サービスシステムの全国的な統一化のためスマートカードによる住民基本台帳番号カードの導入を検討しており、全国17市町村がモデル事業地域の指定を受けている。転入転出事務の効率化、住民票の写しの全国的交付などを目的とする。また、社会保険庁は1995年から熊本県八代市で医療保険カード実験を行っており、1998年からは八代市以外の全国の医療機関においても医療保険カードのみでの受診が可能になっている。

セ

- **セーフティ・ネット** 英 safety net　元々は、綱渡りを演じる綱の下に張られた安全ネットの意。転じて、経済・社会活動における安全を保障するための制度の意味で用いられる。
- **セカンドオピニオン** 英 second opinion　主治医に言われたことを他の医師や専門家に確認すること。
- **セキュリティ・ホール** 英 security hole　安全対策の盲点。
- **セクシュアル・オリエンテーション** 英 sexual orientation　性的志向。個人ごとの性の多様な在り方を指し、未婚の母や同性愛などの社会的容認につながる概念。

現代行政用語

セーフティ・ネット 英 safety net

元々は、綱渡りを演じる綱の下に張られた安全ネットの意。転じて、経済・社会活動における安全を保障するための制度の意味で用いられる。綱渡り芸人は、ネットがあるため失敗して落下しても命に別状はない。また、このネットがあるおかげで、思い切った芸当を試みることができる。これは、経済活動にも当てはまる。経済領域およびそれをとりまく社会的領域には、伝統的に形成され、社会的セーフティ・ネットとして機能してきた様々な制度が存在してきた。だが近年、市場原理主義やグローバリズムの下に押し進められた金融自由化と「自己責任」論によって、従来型のセーフティ・ネットに穴があいてしまい、社会不安（雇用不安、老後不安、等々）を生じさせている。これに対して、セーフティ・ネットを新しく張り替えていく必要があるという議論もある。

セクシュアル・ハラスメント（セクハラ） 英 sexual harassment　性的嫌がらせ。一般に、「対価型」（上司が異性労働者に対し性的な関係を要求し、応じなければ解雇するなど）と「環境型」（職場内で他の社員から身体に触るなどの行為を受け、仕事が手につかなくなること）に分けられる。

セクショナリズム 英 sectionalism　省庁などの縦割り組織の弊害を指す言葉。セクショナリズムは日本の行政機構の抱える重要な問題のひとつである。こうしたセクショナリズムの評価をめぐる見解は一様ではない。省庁間の対立が合理的、総合調整的な政策形成を妨げているという意見がある。省庁間競争が政策を革新する推進力になってきたとする見方もある。行政の長にとってセクショナリズムがリーダーシップ発揮の障害になることは少なくない。

セクター 英 sector　部門。

セメスター制 英＋和　1学年複数学期制。日本では前・後期などの通年制が一般的であるが、それとは異なり、一つの授業を学期（セメスター）ごとに完結させる制度。セメスター制の意義は、1学期の中で少数の科目を集中的に履修して学習効果を高めることにあると指摘されている。したがって、単に通年制の授業の内容を前半と後半とに分割するだけでは、セメスター制と呼ぶことはできない。日本の一部の大学でも導入が始まったり、大学審議会で検討が行われたりするなど、セメスター制はにわかに注目を集めている。

ゼロ・エミッション 英 zero emission　ある産業の廃棄物を別の産業の資源として活用することで、廃棄物をゼロにし、循環型社会を達成しようという考え方。

ゼロ・サム社会 英　誰かが得をすると誰かが損をして、総和がゼロになるような社会。

ゼロ国債 和製英語　当該年度の年割額がゼロ、すなわち、当該年度において歳出予算が計上されていない国庫債務負担行為であり、公共工事の平準化を図る観点から活用する制度。

ゼロベース 英 **zero-based** 定期昇給がないこと。
センサス 英 **census** ①人口調査。もっとも大規模な人口調査である国勢調査は、1920年以来ほぼ5年ごとに行われており、2000年国勢調査はその17回目にあたった。国勢調査には、死文化されているものの報告義務と罰則が規定されており、個人情報保護との関係から見なおしを求める声がある。②様々な分野を対象とした国勢統計調査。工業センサス、賃金センサス、道路交通センサスなど。
セントラリゼーション 英 **centralization** 中央集権化。

ソ

ソーシャリゼーション 英 socialization　社会化。個人が、教育や周囲の環境によって、その社会の規範を内面に受容し、社会の構成員として適合するようになること。

ソーシャル・アカウンティング 英 social accounting　貨幣計算できないような、社会生活の質の評価。社会会計ともいう。

ソーシャル・エンジニアリング 英 social engineering　システムのセキュリティーを出し抜いて利用できるようにする秘密情報を、管理者らから巧みに聞き出し入手する犯罪。

ソーシャル・キャピタル 英 social capital　人間関係、規範、信頼などが持つ社会生活上の特徴を示す概念。ソーシャル・キャピタルの高い社会は、共有された目標を追及するために、より効率よく参加者がともに行為することを可能にする。「社会資本」と訳されることもあるが、インフラストラクチャーと区別するために、「人間関係資本」と訳されることもある。

ソーシャル・コスト 英 social cost　ある事柄が社会に与える損失。「アルコール問題のソーシャル・コストは年間6兆円にのぼる」というような使い方をする。

ソーシャル・セキュリティ 英 social security　社会生活を営む上で、生活の安定・安全を保障するような諸制度のこと。年金、保険などがこれに該当する。

ソーシャル・ハウジング 英 social housing　主として低所得者のために、行政が提供する住宅。

ソーシャル・ライフ 英 social life　社会的生活。他者と良好な人間関係を維持しつつ生活を営むこと。

ソーシャル・ワーカー 英 social worker　社会福祉士。ケースワーカーと同じ意味。

ゾーニング 英 zoning　建物空間を機能や用途を指標として幾つかの小部分に分けること。地域地区制。用途地域。

ソーホー🔠 SOHO（Small Office Home Office）　おもにパソコンやインターネットを利用して、小さい事務所（Small Office）や、自宅兼用の事務所（Home Office）で仕事をしている会社や、そこではたらく人たちのこと。

ソフト・ランディング🔠 soft landing　軟着陸の意。転じて、経済体制の移行を不景気などを招かないで達成しようとする経済政策。特に日本では、不良再建処理の方法や金融政策をめぐる政策的対立の相違を、ソフト・ランディング対ハード・ランディングとして位置付ける場合が多い。2002年9月に柳沢金融相が更迭されて竹中経財相が金融相を兼任することになった背景には、銀行への公的資金投入は不要であるとした柳沢路線（ソフト・ランディング）と、公的資金注入を力説した竹中路線（ハード・ランディング）の対立があった。

ソルベンシー・マージン🔠 solvency margin　支払い余力。

タ

ターミナルアダプタ 英 Terminal Adapter（TA）　通常の電話機などをISDNに接続する為の仲介役となる装置。

ターミナル機能 英＋和　①複数の鉄道や多様な交通手段の乗り換え、乗り継ぎ機能。　②単一のOSを複数のユーザーで共有する機能。

ターミナルケア 英 terminal care　治癒の見込みがなくなった末期患者に対する包括的なケアを目指し、患者が可能な限り平穏かつ充実して過ごせるよう援助すること。

ダイ・イン 英 Die In　人々が地面に横たわり、死体のパフォーマンスをすることで、自分たちの意志を伝える行為。平和運動などで用いられる。

ダイオキシン 英 dioxin　ポリ塩化ジベンゾパラダイオキシンとポリ塩化ジベンゾフランの総称で、強い毒性を持つ物質。プラスチックのゴミを摂氏800度以下で燃やしたときに発生するほか、自動車の排気ガスなどにも含まれている。発がん性を持つほか、生殖障害、アトピー性皮膚炎などの悪影響を引き起こす。現在、廃棄物の焼却方法などの改善によって、ダイオキシンの発生を防ぐ取り組みがなされている。

ダイレクト・バンキング 英 direct banking　銀行の店舗に行かずに、インターネット上から振込みなどの銀行手続きを行なう仕組み。

ダウン・サイジング 英 down sizing　①経営規模を縮小することや、製品を小型化すること。②小型低価格のPCやオフコンなどを複数台利用して分散処理すること。

タウン・ミーティング 英 town meeting　①（アメリカの）町民会。②国民と現職閣僚が質疑応答を行なうことで、国民の声を直接国政に反映させるとともに、政府の施策を直接国民に伝えることを目的とした制度。

ダウンロード 英 download　ソフトウェアを提供サイトから自分のパソコンに取り込むこと。

タクティクス🇬🇧 tactics　戦術。ストラテジー（戦略）に基いて、ある目的を達成するための個別具体的な方法。

タスク・フォース🇬🇧 task force　対策本部、機動部隊。特殊任務を遂行する特別編成チーム。金融相のもとに設置された金融再生タスク・フォースなど。

タックス・フリー🇬🇧 tax free　免税の、非課税の。

タックス・ヘイブン🇬🇧 tax haven　租税回避地。

ダブリュー・ティー・オー🇬🇧 WTO（World Trade Organization）　世界貿易機関。ガット（GATT）が発展的に解消し、代わって1995年に発足した。貿易に関する国際ルールを定め、新たな貿易課題について検討することを目的とする。2000年現在で、144カ国・地域が加盟している。

ダブルクリック🇬🇧 double-clicking　マウスのボタンを素早く二回押すこと。

タリバン アラビア Taleban　アラビア語で「学生」を意味する。アフガニスタンのイスラム原理主義集団。1980年代のアフガン戦争が終わった後も内戦が継続する中、徐々に住民の支持を拡大し、1996年には首都カブールを制圧した。タリバン伸張の背後にはパキスタンの影響があったという見方もある。翌年、パキスタン、サウジアラビア、アラブ首長国連邦が政権を承認。しかし、9.11テロ事件の首謀者と見られるオサマ・ビンラディンをかくまったことからアメリカなどの攻撃を受け、2001年11月には首都を奪われ、崩壊した。

タレント議員 和製英語　俳優やスポーツ選手、一部の学者、評論家などの出身で、全国的な知名度をもつ議員を指す。2001年、参院議員選挙で、非拘束名簿方式が復活されたことによって、選挙制度はより全国区比例代表制に類似したものとなった。したがって、与野党を問わず、広範な支持を得る可能性の高いタレント議員に立候補を要請する結果となった。

ダンピング 英 dumping　不当廉売。ある企業がある商品を、国外では自国内の価格より低い価格で販売することをいう。ダンピングにより国内で損害を受けた企業などは、安売り分を通常の関税に上乗せする反ダンピング関税の課税の申請をすることができる。反ダンピング関税は、世界貿易機関（WTO）のルールに基づいており、国内では関税定率法を根拠としている。

チ

チーフ・エグゼクティブ・オフィサー🇬🇧 Chief Executive Officer（CEO）　最高経営担当役員、最高経営責任者。普通は会長または社長を指す。行政においても、執行責任者を指す言葉として使われる。

☞ **チープ・ガバメント**🇬🇧 cheap government　国民の税負担を低く抑えて政府を運営しようとする発想。

チームティーチング🇬🇧 team teaching　複数の教師が指導計画の作成、授業の実施、教育評価などに協力してあたること。

チェアパーソン🇬🇧 chairperson　議長。チェアマンの「マン」が男性を意味することから、ジェンダー（社会的性差）解消を目的として、より中性的な「パーソン」を用いるのが主流となりつつある。

チェアマン🇬🇧 chairman　議長。近年は「チェアパーソン」を用いるのが一般的。

☞ **チェック・アンド・バランス**🇬🇧 check and balance　権力が不当に強大にならないことを防止するための政治制度。⇒P90参照

☞ 現代行政用語

チープ・ガバメント🇬🇧 cheap government

　国民の税負担を低く抑えて政府を運営しようとする発想。「安価な政府論」や「小さな政府論」とも呼ばれる。もともとは18世紀に自由放任主義が一世を風靡していた時代のイギリスでうまれた概念。現代では民営化、規制緩和、中央・地方の行財政改革などの手法をとる。1980年代にイギリスやアメリカで用いられるようになった。戦後、先進工業諸国は雇用の創出や福祉国家の実現にむけて努力してきた。その結果、政府は一般的に大きくならざるを得なかった。チープ・ガバメントはこの問題を解決する一つの方法として注目されている。

チャイルド・アビュース🅔 child abuse　幼児虐待、児童虐待。親などが子供を暴力的・性的に虐待すること。

チャイルド・ライフ・スペシャリスト🅔 child life specialist　長い入院生活を送らざるを得ない子供たちを支える病院スタッフ。

チャレンジ・スクール〔和製英語〕challenge school　既存の学校教育に馴染めない生徒のために、NPOなどが主催して実施する教育施設。

チューター🅔 tutor　家庭教師、研究会などの講師。

☞ 現代行政用語
チェック・アンド・バランス🅔 check and balance
　　　　権力が不当に強大にならないことを防止するための政治制度。抑制・均衡論とも呼ばれる。ロックの政治思想に負うところが大きい概念。アメリカの政治制度がもっとも代表的である。アメリカ政治では、立法部の機能と行政部の役割はまったく異なる。相互はおたがい別の機能を担って、対立する仕組みになっている。議院内閣制と異なり、アメリカの大統領は議会審議に参加することはない。また、閣僚は議員を兼務することはできない。立法部が法律を作り、それを大統領の率いる行政部が実行に移す。立法と行政は、対等で均衡の関係を維持している。しかし、20世紀に入って行政の肥大化が進み、立法府による行政府のチェック機能が低下してきた。権限や情報が行政に集中し、行政権限が恣意的に行使されることのおきるようになった。そのために、情報公開や政策評価が求められてきている。

テ

データ・センター[英] data-center 顧客企業からコンピュータシステムをアウトソースで請け負うビジネス。

データ・バンク[英] data bank コンピュータで処理した多くの情報を集中的に蓄積・保管し、提供する機関。

データ・ファイル[英] data file 整理・蓄積された一群の情報。

データベース[英] database 関連するデータを整理・統合し検索しやすくしたファイル。

テーマパーク[英] theme park あるテーマのもとに構成された娯楽施設。

テーラード・マーケティング[英] tailored marketing 小売業者が優良顧客に関してできるだけ多くのことを知り、その顧客のロイヤリティに対し特別なプロモーションやサービスによって報いる。

デイ・ケア[英] day care 在宅の老人・精神障害者を集めて昼間に健康管理、機能維持、回復訓練、娯楽、食事サービスなどを提供すること。

[関連]**デイ・ケア・センター[英] day care center** 在宅介護を受けている高齢者や障害者を昼間のみ預かり、リハビリテーションや日常生活などの世話を行う。

☞ 現代行政用語

ディ・レギュレーション[英] deregulation

規制緩和。政府が経済活動に介入し、規制を増やす結果、市場メカニズムが作動しなくなることがある。自由な経済活動が阻害され、物価の高騰や寡占化が引き起こされる。そうした状況を「政府の失敗」と呼んできている。政府の規制を取り除くことによって、公正で自由な経済活動を取り戻そうとする政策。ただ、規制緩和を進めるために、あらたな規制が必要という矛盾した状況が出ることも少なくない。したがって、de-regulationに代えて、de-controlという表現を使うことも多い。

デイ・サービス 〈和製英語〉 day service　市町村による在宅福祉サービスの一つで、在宅介護を受けている高齢者や障害者に対してリハビリテーションや日常生活の介護を行う。デイサービスセンターへの通所によるものと家庭への訪問によるものがある。

〈関連〉**デイ・サービス・センター** 〈英〉day service center　在宅老人を施設などに送迎し、入浴や食事などを提供する。

デイ・トレーダー 〈英〉day trader　パソコンを通じて、一日中株取引を行う個人投資家。

☞ **ディ・レギュレーション** 〈英〉deregulation　規制緩和。⇒P91参照

ディー・アイ・ワイ 〈英〉DIY（Do It Yourself）　「自分でやってみよう」という合言葉。生活全般に関する自己創作活動を指す。

☞ **ディスクロージャー** 〈英〉disclosure　情報開示。

ディスポーザー 〈英〉disposer　生ゴミを粉砕して下水に流す生ゴミ処理機。

ディベロッパー 〈英〉developer　開発者。宅地造成業者。

テクノ・インフラ 〈英〉techno infrastructure　情報や知識を蓄積・共有・活用・創出できる技術情報基盤。

テクノ・ナショナリズム 〈英〉techno-nationalism　技術国家主義。先端技術などを他国に公開しないようなやり方。

テクノクラート 〈英〉technocrat　技術系の管理職者。

☞ **現代行政用語**

ディスクロージャー 〈英〉disclosure

情報開示。株式や債券などを発行している企業が、自らの財務状態、経営方針などに関する情報を、金融機関や取引先といった利害関係者に対し、適切に公開すること。企業情報開示ともいう。経済・金融環境の変化に伴い、金融機関などから高い信用を得るためには、経営方針や財務内容などの情報をより一層タイムリーに開示していくことが必要となりつつある。また、企業自身にとっても、これらの情報を適切に分析し、経営計画にフィードバックしていく仕組みを整えることは、環境変化への迅速な対応につながるとされる。

テクノポリス[英] technopolis ①技術社会。②高度技術集積都市。先端技術産業や学術研究機関などを誘致して地域振興をはかるもの。

テクノロジー・アセスメント[英] technology assessment 巨大技術の開発の是非について、経済・社会・環境などに与える影響を総合的に評価すること。

テクノロジー・トランスファー[英] technology transfer 技術移転。他の分野・国家・企業などで開発された技術を導入して有効に利用すること。

デザイン・ガイドライン[英] design guidelines 都市計画などで、街全体の景観美を保つため統一されたデザインの指針を定めること。

デザイン・レビュー[英] design review 開発する製品の目標品質（機能、コスト、市場性、品質、信頼性、外観、梱包、納期など）を客観的に評価、審議すること。

デジタル・アーカイブ[英] digital archives 文書などを電子化して記録・保管する方法。

デジタル・コンテンツ[英] digital contents デジタル化された内容。

デジタル・デバイド[英] digital divide 情報技術に通じていないことによる社会的、経済的不平等が生じること。

デジタル・マップ[英] digital map 地図表現に必要な情報を数値化・符号化してコンピュータで処理できる地図。

デスクトップ[英] desktop ①卓上式のデスクトップパソコンの略。②パソコンの電源を入れて、最初に表示される画面のこと。パソコンのほとんどの作業はこのデスクトップで行う。

デット・エンド[英] dead end 袋小路、行き詰まり。

デット・ロック[英] deadlock ①錠前がかかって外れないこと。転じて、にっちもさっちもいかないこと。日本では、deadlockのlock（錠）をrock（岩）と間違え、「暗礁に乗り上げる」と誤訳された。②コンピューターで同時に実行されるプロセス（タスク）が、それぞれに必要な資源にロックをかけ、お互いにそれが終わらないとロックを解放しない状態。

デノミネーション 英 denomination　通貨の呼称単位の変更。デノミと略すこともある。

デビット・カード 英 debit card　現金を用いずに買い物ができるキャッシュカード。代金は銀行口座から直接引き落とされる。

デファクト・スタンダード 英 de facto standard　事実上の標準化。

デフォルト 英 default　債務不履行。

デフコン 英 Defense Condition　アメリカ軍の戦闘警戒態勢。5段階あり、デフコン5が平和な状態、デフコン1が戦争状態を指す。

デフレーション 英 deflation　有効需要が供給に対して不足するために生じる物価水準の低下などの経済現象。デフレともいう。

デフレ・スパイラル 英 deflationary spiral　景気低迷と物価下落が同時に起きること。

デポジット制 英+和 deposit　空き缶の回収方法の一つで、缶入り飲料を売るときに預かり金を上乗せし、空き缶を返すときに戻すもの。

☞ **デモクラシー** 英 democracy　民主主義。

デモグラフィー 英 demography　人口学。

☞ **現代行政用語**
デモクラシー 英 democracy

民主主義。もともとは、群衆（demos）の力（kratia）の意味。古代ギリシアでは「多数者による支配」を意味し、プラントがそれを「衆愚政治」と呼んだのは有名。君主制、貴族制に並ぶ政体のひとつ。長らく現実の政治体制としては無視されてきたが、近代に入り、市民革命の勃発とともに西洋諸国において体制原理として確立した。第二次大戦以降は、全世界規模で普遍的政治形態として認知されてきている。現代的な意味においては、国民の多数の意思によって政治が運営される政治システムのことを意味する。現代国家においては、全ての国民が一堂に会して政治を行なうこと（直接民主制）は事実上不可能である。選挙によって代表を選出し、選ばれた代表が議会を構成することによって政治を運営する、代議制民主制（間接民主制）が主流となっている。

☞ **デュー・プロセス**[英] **due process**　何人も、法律の定める手続によらなければ、その生命若しくは自由を奪われ、またはその他の刑罰を課せられないという規定。

デリバティブ[英] **derivative**　金融派生商品。

テレトピア[和製英語] **teletopia**　テレコミュニケーション（電気通信）とユートピア（理想郷）のふたつの言葉を合わせた造語。中央と地方の情報格差をなくし、高度情報社会へ移行させる計画。

テレポート[和製英語] **teleport**　テレコミュニケーション（電気通信）とポート（港）のふたつの言葉を組み合わせた造語。高度情報通信処理基地。

テレワーク[英] **tele-work**　「情報通信技術を利用した場所・時間にとらわれない働き方」のこと。パソコンやインターネットの普及に代表される情報技術の発展により生まれてきた新しいビジネスのスタイル。会社や職場ではなく、自宅などでクライアント（業務発注者）と連絡を取り合いながら仕事を進めていく。

☞ 現代行政用語

デュー・プロセス[英] **due process**

何人も、法律の定める手続によらなければ、その生命若しくは自由を奪われ、またはその他の刑罰を課せられないという規定。法律にもとづく適正な手続。刑法や行政手続を法律に則って公正にとりおこなうこと。デュー・プロセスと呼ばれる概念には、国民や住民が政府から不当な取り扱いを受けないことを保障するという視点がある。市民を政府権力からどう守るか、それがこの概念のもっとも重要な要点である。そのために、市民が罪に問われる場合、あるいは、正当な権利を行使する際には、法律に則った手続きで公正に遺漏なく進められることが必要とされる。

テロリズム 英 terrorism　一定の政治目的を実現するために暗殺や暴行などの手段を行使することを認める主義、およびそれにもとづく暴力の行使。現代のテロリズムは、1950年代のアルジェリアにおける反仏運動に端を発するとされる。テロリズム対策の行政的な課題は、実行力のある監視システムの管理と、人権、個人情報保護をどのようにして両立させるのかにかかっている。

ト

トーイック[英] **TOEIC（Test of English for International Communication）** 英語によるコミュニケーション能力をリスニング、文法、ボキャブラリーなど様々な点から評価する世界共通のテスト。非営利のテスト開発機関である米エデュケーショナル・テスティング・サービス（ETS）によって作製された。世界約60ヶ国で実施されている。日本でも2002年度には132万6,000人が受験した。企業では職員採用や海外出張の基準、昇進の要件としても利用されている。

ドクター・ヘリ[英] **doctor helicopter**　医師が同乗し救急現場へ急行するヘリコプター。

ドクトリン[英] **doctrine**　①教義。②政治・外交における基本原則。たとえば、トルーマンが議会で共産主義の拡大と戦うことを唱えたトルーマン・ドクトリンなど。

ドッグ・イヤー[英] **dog year**　犬が人間の７倍の速度で年をとるように、情報変革は迅速に進むこと。

ドッジ・ライン[英] **Dodge's line**　1949年来日したGHQの経済顧問のドッジが日本政府に与えた指示で、経済安定のための超均衡予算。それまでの復興金融金庫を通じた巨大融資はこれによって不可能になったが、国内の補助金を停止することで財政は大幅に黒字化した。また、１ドル＝360円の為替レートが決定され、日本はこの制度の下で経済規模の拡大を進めた。

トップダウン[英] **top-down**　意思決定が組織の上部から下部に一方通行で流れる方式。アメリカの企業に多いとされる集権的な意思の決定方法。上位から下位へ命令が伝達されため、政策の実行までに時間がかからないなどの利点がある。しかし、下部職員は意思決定に参加するチャンスがなく、命令どおりに従う強権的な管理方式とされる。

トフル🇬🇧 TOEFL（Testing of English as a Foreign Language）　米国やカナダの大学に留学を希望する外国人学生が大学での授業についていける英語力を有しているかを評価する世界共通のテスト。非営利のテスト開発機関である米エデュケーショナル・テスティング・サービス（ETS）によって作製された。2000を越す英語圏の大学に加え、多くの政府機関や奨学金プログラムなどもTOEFLスコアを使用している。

ドメイン🇬🇧 domain　①領域、定義域。②ネットワークやインターネット上で複数のコンピュータをグループ分けして管理するのに使う考え方。特に、サーバ管理者が利用者を管理する仕組み。

ドメスティック・バイオレンス🇬🇧 domestic violence（DV）　家庭内暴力。特に、夫（妻）・恋人など、性的パートナーからの暴力。

ドラスティック🇬🇧 drastic　過激な、徹底的な。

トラスト🇬🇧 trust　同一業種の企業が資本的に結合した独占形態。

トラフィッキング🇬🇧 trafficking　国境を越えた女性や子供の人身売買。

トランジット・モール🇬🇧 transit mall　中心市街地のメインストリートなどで一般車両を制限し、道路を歩行者・自転車と公共交通機関に開放することでまちの賑わいを創出する試み。

トランスナショナル🇬🇧 transnational　超国籍の、多国籍の。しばしば国際的な大企業を形容する際に用いられる。

トリアージ🇬🇧 triage　「選別」の意。転じて、多数の傷病者が発生した際に、傷病の緊急度や程度に応じ、搬送・治療を行うこと。もともとは、戦場における傷病者の区別をするためのものであったが、現在では、大規模災害の現場でも行われている。治療の必要性に応じた優先順位をつけることにより、より多くの生命を救うことが可能となる。

トレーサビリティー🇬🇧 tracability　英語の「トレース」（足跡を追う）と、「アビリティ」（できること）を合わせた言葉で、「追跡可能性」と訳される。食品の取扱いで、流通から生産現場まで「さかのぼる」こと。

トレードオフ 英 trade-off　複数の要素が関連を持ち、ひとつの要素を改善すると、他の要素が悪化するような状態を指す。

ナ

☞ **ナショナリズム** 英 nationalism　民族主義、国家主義、愛国主義。

ナショナル・コンセンサス 英 national consensus　全国的・全国民的規模での合意。

ナショナル・センター 英 national center　産業別労働組合の全国中央組織。

ナショナル・トラスト 英 national trust　都市化や開発の波からすぐれた自然や歴史的環境を守るために、広く国民に寄金を呼びかけてそれらを買い取り、あるいは寄贈を受けて、保護し、維持し、公開する活動。

ナショナル・ミニマム 英 national minimum　①賃金、労働時間、安全衛生など雇用全般にかかわる最低限度水準。19世紀イギリスの都市労働運動のなかでフェビアン社会主義の指導者であるウェッブ夫妻により提唱された。②戦後日本の経済開発の基本理念であった「国土の均衡ある発展」を支える概念であり、都市部と農村部のインフラ面での格差を解消しようとするもの。しかし、今日では財政悪化の進行によって、地域格差もやむなしとする議論が台頭しつつある。

> ☞ **現代行政用語**
> **ナショナリズム** 英 nationalism
> 　民族主義、国家主義、愛国主義。歴史的には、民族の統一や国家の独立を推進する思想や運動を指した。一般的には、領土問題、貿易問題をめぐる交渉などにあたって国益の重視を強調する際に主張される思想や態度をナショナリズムと言う。ナショナリズムには、ややもすると極端な排外主義に結びつきかねないことなど弊害もある。ナショナリズムは対外的に表明されるのみではない。ナショナリズムは、国内的にも国民と政府の一体感を強めたり、国民の忠誠心を引き出したりするために利用される場合がある。

ナスダック⊛ NASDAQ（National Association of Securities Dealers Automated Quotations）　全米証券業協会（NASD）が開発した、店頭銘柄気配自動通報システムの略称。

ナノ・テクノロジー⊛ nano-technology　10億分の1mという分子に届く程のサイズの極微細加工技術。

　関連 ナノ・バイオロジー⊛ nano-biology　生命現象などを10億分の1m単位で研究する学問分野。

ナレッジ・マネジメント⊛ knowledge management　知識管理。組織内で個別に管理されている情報や知識を共有して、パフォーマンスの向上をめざす取り組み。

二

ニーズ 英 NIES（Newly Industrializing Economies）　新興工業経済地域。経済協力開発機構（OECD）は、1970年代以降に工業品の輸出を増加させた発展途上国に注目し、韓国、台湾、香港、シンガポール、メキシコ、ブラジル、スペイン、ポルトガル、ギリシャ、ユーゴスラビアの10カ国を新興工業諸国（NICS）と定義した。その後1988年に開催されたトロント・サミットで、中国が台湾や香港を国（country）と呼ぶことに懸念を表明し、新工業経済地域（NIES）という言葉が用いられることになった。一般的にはNIESというと上記の東アジア4カ国を指すのが普通である。

ニーズ 英 needs　必要性。要求。需要。政策用語としては、「サービス受益者にとっての必要性」という意味で用いられる。

ニュー・エコノミー 英 new economy　インフレなき成長が持続するという概念。アメリカ経済では景気循環が消滅し、インフレなき成長が持続するという主張から生まれた概念。IT化とグローバリゼーションの進展がその理由とされた。アメリカでは1991年から2000年まで戦後最大の景気拡大が続いた。しかし、その後はネットバブルが崩壊し、驚異的な株高の背景に粉飾決算やストックオプションの問題があったことが判明した。米エンロン社と米ワールドコム社の破綻がその象徴であった。ニュー・エコノミー論は幻想だったとの認識が広まりつつある。

ニュー・タウン 和製英語 new town　大都市の近郊に住宅地として計画的に建設された新しい都市をいう。東京の多摩、大阪の千里など。

ニュー・ディール🔠 New Deal　1933年米国大統領に就任したF.D.ローズヴェルトが、大恐慌から社会を立て直すために展開した諸政策の総称。全国産業復興法、農業調整法、全国労働関係法、社会保障法などが含まれ、典型的なケインジアン政策と見なされている。この結果、連邦政府の役割と経済への介入が増大することになった。

ニュー・パブリック・マネジメント🔠 New Public Management　新行政管理学。エヌ・ピー・エムを参照。

ニュー・ポリティクス🔠 New Politics　民主主義的価値（政治の透明性など）や公的利益（環境保護など）を重視する新しい政治の分野。1960年代以降、先進諸国では、人々の関心が言論の自由、政治参加、環境保護など経済的利害とは直接関係のない論点に移行してきた。社会が安定し豊かになるにつれて人々のニーズ、価値観が変化していくということである。衣食住が足りれば、さらなる贅沢を求めるし、さらには金では買えないものを追求することになる。こうした新しい論点が、政治の中で重要になってきている。

☞ **ニュー・ライト**🔠 new right　1980年代以降、ヨーロッパで勢力を拡大させた拝外主義的・人種差別主義的な政治運動。

　〈関連〉**ニュー・レフト**🔠 new left　新左翼。資本主義批判と同時に旧来の社会主義に対してもその官僚主義や権威主義的体質を批判した政治運動。1950年代後半から1070年代初頭まで影響力を振るった。

☞ 現代行政用語
ニュー・ライト🔠 new right

　1980年代以降、ヨーロッパで勢力を拡大させた拝外主義的・人種差別主義的な政治運動。オーストリアの自由党、フランスの国民戦線、オランダのフォルタイン党などは選挙でも少なからぬ得票数を獲得している。こうした背景には社会民主主義政党の失業対策に幻滅した層からの移行や、都市部における外国人人口の増大が指摘されている。

ニュートリノ 英 neutrino　素粒子の一つで、レプトンに属し、弱い相互作用において、それぞれ電子、ミュー（μ）粒子、タウ（τ）粒子と対になって作用する。

☞ **ニンビー** 英 NIMBY（Not-in-My-Backyard）　「総論賛成、各論反対」の意。

☞ 現代行政用語
ニンビー 英 NIMBY（Not-in-My-Backyard）
　　　　「総論賛成、各論反対」の意。「うちの裏庭ではお断り」。ごみ処理場や高速道路など「迷惑施設」の立地や建設に際して、総論としての施設建設には賛成だが、自分の近所に建てるは認めないとする態度のこと。

ネ

ネイチャー・トレイル 和製英語 nature trail　自然や文化を観察するための小径のこと。散策、地域の文化の学習、自然観察などにおいて、作りものではない自然との触れ合いや、地域の文化の保存のために総合的な企画をたて、地域の資産として積極的に活用を図ることで、地域の環境に対する住民の関心を高めていくことが目的。

ネオ・コン（ネオ・コンサバティブ） 英 neo conservative　冷戦終結後、アメリカ国内で大きな政治的影響力を持つようになった思想、ないしその思想を信奉する人々を指す。通常、「新保守主義」と訳されることが多いが、レーガン、サッチャー、中曽根らが1980年代に行った諸改革の行動原理としての「新保守主義」とは大きく異なる。米エール大学ケネディ教授によると、宗教的な使命感で新秩序をつくろうとした民主党大統領のウィルソン的な「理想主義」と、ソ連を「悪の帝国」と名づけた共和党大統領のレーガン的な剛腕外交という、アメリカのふたつの政治原理の「奇妙な結合」といわれる。特に、2001年9月11日の同時多発テロをきっかけに、ブッシュ政権内部で大きな影響力を持つようになった。

ネガティブリスト 英 negative list　製品の原材料などで、原則自由だが使っていけないものを一覧表にする考え方。逆に、原則全て禁止で使ってよいものだけを一覧表にするものをポジティブリストという。

ネクスト・キャビネット 和製英語 next cabinet　1999年に民主党が発足させた制度で、野党第一党の党首が政府の閣僚ポストに対応する政策分野を担当する議員を任命する。イギリスの「シャドー・キャビネット（影の内閣）」を基にしている。

ネグレクト 英 neglect　①無視。②保護者が子供に対し、遺棄、衣食住や清潔さについての健康状態を損なう放置（栄養不良、極端な不潔、怠慢ないし拒否による病気の発生、学校へ行かせない、など）を行なうこと。

ネクロポリス 英 necropolis　古代エジプト・ローマなどにおける墓地。転じて、巨大化して衰退しつつある都市。

ネット・サーフィン 英 net surfing　インターネットで、興味の赴くままに情報を探していくこと。例えば、情報を調べるためにあるサイトにアクセスすると、関連情報が掲載されている別のサイトにリンクが張られている場合がある。それを利用して、次々と関連するサイトを閲覧することができる。このように、利用者がインターネット上の情報の海をあたかも「サーフィン（波乗り）」するように巡回することをネット・サーフィンという。

ネット・バンキング 英 net banking　インターネット上から、振込みなどの銀行手続きを行なう仕組み。大手銀行を中心に現在サービスの実施が拡大している。利用者は、銀行に直接出向かなくても、諸手続きを行なうことができるなど、多くの利点がある反面、個人情報の流用や不正利用など、安全性の問題点も指摘されている。インターネット・バンキングを参照。

ネットスケープ・ナビゲーター 英 Netscape Navigator　米ネットスケープ社が開発したブラウザ。市場シェアは、2003年4月現在で、米マイクロソフト社のインターネット・エクスプローラー（96.1%）についで第二位（3.2%）。

ネポティズム 英 nepotism　縁故主義。行政・公的機関における就職や役職の任命などにおいて、その人の能力やその役職への妥当性ではなく、地縁・血縁関係を重視すること。主に発展途上国の政府の役職任命において多く見られ、汚職や非能率などの弊害の元凶と見なされている。日本公務員については、国家公務員、地方公務員とも試験によるメリット・システムが採用されているため、ネポティズムが発生する余地は比較的少ない。しかし、一次試験後のいわゆる「役所回り」や面接において、出身大学や地縁関係が考慮されるケースがままあると指摘されている。

ノ

☞ **ノーマライゼーション** 英 normalization　等生化。共生社会推進策。

ノイジー・マイノリティ 英 noisy minority　積極的に発言を行なう少数派。サイレント・マジョリティと対になる概念。デモクラシーの基本原理のひとつである多数決原則は、決して多数者による圧制を肯定する概念ではなく、少数者の意見や権利をも考慮する必要がある。その意味で、ノイジー・マイノリティの存在は、多数決原理を補完する重要な存在といえる。しかし、議論の性質によっては、マスコミなどでノイジー・マイノリティの極端な発言のみが強調されたり、政治的影響力が行使されたりして、サイレント・マジョリティの意見が埋没してしまう危険性も秘めている。サイレント・マジョリティを参照。

ノン・キャリア 和製英語 non-career　国家公務員試験のうち、Ⅱ種（大卒程度）Ⅲ種（高卒程度）に合格した人びと。また、Ⅰ種試験を経たものでも、技術官や研究官はノン・キャリアに含まれることもある。Ⅰ種採用のいわゆるキャリアに比べ、昇進・昇給の面で不利なことがある。

☞ 現代行政用語

ノーマライゼーション 英 normalization

等生化。共生社会推進策。高齢者や障害者が健常者と同じ社会生活を送られるようにするための福祉環境づくり。この考え方は、国連の「障害者の権利宣言」（1975年）に大きな影響を与えた。以後、「国際障害者年」（1981年）や「国連・障害者の10年」（1983年〜1992年）へと引きつがれ、国際的に大きな流れとなっていった。

ノン・ステップ・バス 和製英語 non step bus　無断差バス。階段（ステップ）がないバスの意で、入口から出口まで階段なしで乗り降りができる床の低いバスのこと。高齢者や車椅子の使用者でも楽に昇降できるよう工夫されており、全国のバス会社で普及しつつある。

ノンバンク 英 non-bank　預金業務や為替業務を行わないで、融資業務を行う金融会社のこと。消費者金融会社のほか、信販会社、クレジットカード会社も含まれる。銀行とノンバンクとは、融資のための資金の調達方法や融資の方法が違う。銀行は預金業務によって得たお金を資金にして、企業や個人に融資を行うことを基本としている。それに対しノンバンクは銀行等からの借り入れを融資の資金としており、個人向けには無担保で融資を行うことが業務の中心になっている。

ノンポリ 和製英語 non political　政治的な関心を持たない態度。もしくは、政治的に中立を維持しようと努める態度。前者の用法は、投票率の低下や市民間の政治的関心の低さを批判する意味で用いられることが多いが、後者の場合、例えば教科書検定などで、政治的・思想的に偏向しないよう努めるべき態度という意味で用いられることがある。選挙時にいわれる無党派層とは、政治的意識の有無の点で異なる。

ハ

パーク・アンド・ライド 英 park and ride　街の中心部に入る手前の駐車場で車を降り、電車やバスに乗り換えてもらう仕組み。渋滞の解消や環境の維持を目的とする交通政策。

バーゲニング 英 bargaining　交渉、取引。

パーソナリティ 英 personality　人格のこと。特に、個人の総体的な特性を指す。

パーソントリップ調査 英＋和 Person-Trip Survey　一定の調査対象地域内において「人の動き」（パーソントリップ）を調べる調査。都市計画や交通政策を策定する際の実態調査として多用される。

バーチャル・リアリティー 英 virtual reality　コンピュータ上で作り出した仮想空間を、現実であるかのように知覚させる技術。

ハード・ランディング 英 hard landing　経済体制の転換の際、不景気などの悪影響があっても、改革を達成しようとする経済政策。ソフト・ランディングを参照。

パートナー・ドッグ 英 partner dog　介助犬。障害者や高齢者の生活をサポートする犬。

☞ **パートナーシップ** 英 partnership　①協力関係。②NPOと行政や企業などが協働していくこと。⇒P111参照

バードン・シェアリング 英 burden sharing　責任分担。国際政治においては、防衛や国際援助などの責任を分担し合うこと。

ハーフ・ウェイ・ハウス 和製英語 half way house　病院での治療・訓練を終了した身障者や老人が、日常生活への復帰に向けて予備的な訓練を受ける施設。

ハーモナイゼーション 英 harmonization　①調和、整合化、協調。②異なる自治体間や政府間で、同じ法律や規制などを実施すること。特に、国家間で行なわれる場合は国際的ハーモナイゼーションという。

バイオ・エシックス⑱ bio-ethics　生命科学の進歩によって出生と死への人為的介入が可能になった結果生じた、新しい倫理的諸問題に対処する応用倫理学の一分野。1970年頃英語圏で始められ、人工受精・妊娠中絶・脳死ならびに臓器移植などの問題について論じる。患者の自己決定権などをめぐる医療倫理とも関連。

バイオ・テクノロジー⑱ biotechnology　生物工学。

バイオ・ハザード⑱ bio-hazard　微生物（原虫、カビ、細菌、ウイルス等）、微生物構成成分（核酸、蛋白等）等を取り扱う場合に発生する災害。

バイオ・マス⑱ bio mass　再生可能な、生物由来の有機性資源（化石燃料は除く）。

バイオ・レメディエーション⑱ bio-remediation　バイオ技術を使い、有機塩素系化合物のトリクロロエチレンで汚染された地下水を浄化する。

ハイブリット・カー⑱ hybrid car　ガソリンエンジンと電気モーターをミックスした車。普通の自動車に比べて排気ガスが少なく、環境に配慮した設計になっている。

ハウスダスト⑱ house dust　室内で生じる埃。アレルギーやアトピーの原因となるとされる。

☞ 現代行政用語

パートナーシップ⑱ partnership
　①協力関係。②NPOと行政や企業などが協働していくこと。政策用語としては、官民が協力して公的課題にあたること。これまでの公的事業は、国や自治体など行政が一元的にこれを行い、企業や市民などはそれを受ける客体でしかなかった。しかし、環境問題やグローバル化の進展など、行政では対応できない問題が多く浮上してきた。こうした問題を解決するためには、公的課題に対し、行政と企業・NPOなどの民間主体が協力して取り組む必要があるとの認識が広まりつつある。ピー・ピー・ピー〈1〉を参照。

バウチャー 英 voucher　一般には切符を意味する。この表現が政策手段として登場するようになった。バウチャーは、アメリカの「教育」や「保育サービス」の分野で注目されている。公教育のレベル低下を背景に、それを上げる目的で、切符を生徒にあたえ、受けたい授業や気に入ったクラスを担当する教員に切符をわたす授業選択制度。

ハザードマップ 英 hazard map　災害が発生した場合にそなえて、住民が自主的に迅速に避難できるよう、被害の想定される区域と被害の程度、さらに避難場所、避難経路などの情報を地図上に明示したもの。

ハサップ 英 HACCP（Hazard Analysis and Critical Control Point）　危険分析（にもとづく）重要管理点（監視）方法。食品の製造過程で、食中毒の原因となる菌や化学物質がどこで混入する危険性が高いのかを事前に分析し、監視するポイントを定めてチェックするシステム。もともとは1960年代にアメリカのNASAのアポロ計画において、宇宙食製造の際の安全性確保を目的として開発された。日本では、1995年には食品衛生法が改正され、ハサップの考え方が導入された。1996年に発生した、O-157による集団食中毒事件で注目されるようになった。現在、多くの食品関連企業の工場が、厚生労働省からハサップの承認を受けている。

パス・ディペンデント 英 pass dependant　既存の制度や組織が、過去の諸要因に影響され、形作られていること。過去依存性。

パターナリズム 英 paternalism　父親的温情主義。社会関係の文脈では、グループの内部でリーダー（親分）となるものが、構成員（子分）の面倒を細かくみることを指す。政治学的には、国家が社会運営に強度に介入し、諸政策を実現していくことを意味する。シンガポールなどがその代表例とされる。

ハッカー 英 hacker　他人のコンピュータに不法に侵入する者。

バック・オフィス🇬🇧 back office　研究開発、資材調達、生産工程、物流など消費者の目にふれない部分。事務管理部門。行政組織内部の業務を担う部門のこと。

パックス・ディプロマティカ(ラテン) Pax Diplomatica　外交による国際秩序。

パネルディスカッション🇬🇧 panel discussion　特定議題を聴衆の前で行う討論会。

ハブ🇬🇧 hub　拠点。

パフォーマンス🇬🇧 performance　演奏。演技。とくに現代芸術で、肉体を用いた表現形態。街頭などで突発的に行う演劇表現。

☞ **パブリック**🇬🇧 public　公共。

　(関連) **パブリック・アート**🇬🇧 public art　援助主体が公的（パブリック）であり、観衆が不特定多数の一般市民（パブリック）である芸術。公共施設や道路などに設置させた芸術。

　(関連) **パブリック・アクセプタンス**🇬🇧 public acceptance　社会的受容。広報活動などをつうじて、国民の理解を得ていく考え方。

☞ (関連) **パブリック・インタレスト**🇬🇧 public interest　公共利益。

☞ 現代行政用語
パブリック 🇬🇧 public
　　公共。英語の「パブリック」は、日本語の「公共」より広い概念としてとらえられる。私的なもの（プライベート）に対比される公的な性質や価値を指す。より日常語的な文脈では、公権力にかかわる事柄全体をさす場合が多い。

☞ 現代行政用語
パブリック・インタレスト 🇬🇧 public interest
　　公共利益。自然環境や治安、インフラなど、社会全体にかかわる利益のこと。特定の個人や企業・業界などのプライベートな利益の対となる概念である。時にパブリックな利益とプライベートな利益は鋭く対立する（例えば飛行場用地の収容問題など）こともある。また、「何がパブリック・インタレストか」は意見がわかれやすい。

関連 パブリック・インボルブメント 英 public involvement　PIと略す。広く住民や有識者などの意見を求めながら公共事業を行うこと。公共事業の構想、計画策定の段階から、事業の影響が及ぶ地域住民その他関係者に情報公開し、説明会、公聴会を開催する。

関連 パブリック・コメント 和製英語 public comment　行政機関が政策立案を行なおうとする際に、その案を公表し、この案に対して広く国民や事業者などから意見や情報を提出してもらう機会を設けること。行政機関は、提出された意見を考慮して最終的な決定を行なう。近年、多くの自治体でこの制度の導入がはかられている。

関連 パブリック・セクター 英 public sector　公共部門。政府、自治体、および政府に付属する機関などが所轄する領域・部門。

パラサイト・シングル 和製英語 parasite single　社会人になっても親と同居するなど生活の基礎的部分を依存しながら、自分自身の経済力以上の生活を楽しむ独身の男女。寄生を意味する「パラサイト」と独身を意味する「シングル」の合成語。

パラダイム・シフト 英 paradigm shift　科学者集団に共有されている規範が、ある時点で革命的・非連続的に変化する局面のこと。

パラドックス 英 paradox　逆説、矛盾。

パラリンピック 英 Paralympic（Paraplegia+Olympic）　脊椎障害者の国際スポーツ大会。イギリスのストーク・マンデビル病院の医師グットマンが始めたのがきっかけで、1952年国際大会が開催された。現在は障害者の世界競技大会。四年に一度オリンピック開催地で開かれる。

バランス・オブ・パワー 英 balance of power　勢力均衡。国際政治では各国の国力・軍事力の均衡状態を作り出すことにより、政治的・軍事的安定性を確保する考え方。

バランス・シート 英 balance sheet　貸借対照表。⇒P115参照

バリアフリー 英 barrier-free　高齢者、障害者などの日常生活で障害となるものを取りのぞくこと。⇒P115参照

パリティ🔠parity　等しいこと、等価、等量。米価などの価格保持。

バリュー・エンジニアリング🔠value engineering　最低の総コストで必要な機能を確実に達成するため、組織的に製品またはサービスの機能の研究を行なう方法。

パルチザン🔠partisan　戦時に、武装した一般人民によって組織された非正規の戦闘集団。おおくは正規軍と連携しながら、遊撃隊として活動する。

ハローワーク 和製英語　公共職業安定所のニック・ネーム。労働省が公募し1990年から使用。

👉 現代行政用語
バランス・シート🔠balance sheet

貸借対照表。元々は民間企業の財務状況を把握するためのもの。近年、行政の財政を客観的に把握し、健全な行政運営の確保のために、自治体などもバランスシートを作成・公開すべきだという考え方が広まっている。こうした流れを受け、2000年には、総務省が「地方公共団体の総合的な財政分析に関する調査研究会報告書」を発表し、自治体のバランスシートの作成基準などを示した。2002年現在で、全自治体の約4割に当たる1149の自治体で、バランスシートが作成されている。

👉 現代行政用語
バリアフリー🔠barrier-free

高齢者、障害者などの日常生活で障害となるものを取りのぞくこと。「障壁（バリア）をなくす」という意味。バリアフリーは、歩道などの段差をなくす、階段の脇に車椅子用のスロープ（ゆるやかな坂）を設置するなど、ハードウエアの改善が中心になっている。心（ソフト・ウエア）のバリアフリーも大切である。

パワー・エリート 英 power elite　アメリカの社会学者ミルズが提起した概念で、政治的に現実に成立している権力の保持者のこと。ミルズは、現代アメリカのパワー・エリートは軍部・大企業・官僚が、互いに緊密な繋がりを保ちながら支配集団を形成していると主張した。日本では、政（治家）・官（僚）・財（閥）のいわゆる「鉄の三角形」がこれにあたる。

パワー・ゲーム 英 power game　国際政治における大国間の駆け引き。

パワー・ポイント 英 power point　米マイクロソフト社のプレゼンテーション用ソフトウエア。

パン・パシフィック 英 Pan-Pacific　太平洋を取り囲む地域全体を指す地理的概念。汎太平洋。

バンダリズム 英 Vandalism　落書き、いたずら、公共物破損などの行為。

ハンディキャップ（ハンデ） 英 handicap　不利な条件。

ヒ

ビー・エス・イー⦅英⦆ BSE（Bovine Spongiform Encephalopathy） 　牛の病気で、正式には牛海綿状脳症という。プリオンと呼ばれる異常なたんぱく質により感染し、脳がスポンジ状に侵されて死に至る病気。ヒトのプリオン病であるクロイツフェルト・ヤコブ病との関連が疑われている。一般的に狂牛病ともいう。

☞ **ピー・エフ・アイ⦅英⦆ PFI（Private Finance Initiative）** 　民間資金活用事業。

ピー・ケー・エフ⦅英⦆ PKF（Peace Keeping Force） 　国連平和維持軍。国連平和維持活動（PKO）に従事する軍隊。紛争地域の兵力引き離し、停戦監視などを任務とし、原則として自衛のための軽火器のみを携帯する。

ピー・ケー・オー⦅英⦆ PKO（Peace Keeping Operation） 　国連平和維持活動。国連が、受入国の同意を得て、加盟国の部隊・人員を現地に派遣すること。紛争の防止、停戦の監視、治安維持、選挙活動などを活動内容とする。

ピー・シー・ビー⦅英⦆ PCB（Polychlorinated Biphenyls） 　PCBとはポリ塩化ビフェニル化合物の総称。脂肪に溶けやすいという性質から、慢性的な摂取により体内に徐々に蓄積し、様々な症状を引き起こすことが報告されている。PCBが大きくとりあげられる契機となった事件として、カネミ油症事件がある。

☞ **現代行政用語**

ピー・エフ・アイ⦅英⦆ PFI（Private Finance Initiative）
　民間資金活用事業。公共部門が担ってきた、社会資本形成を伴う公共サービスの提供を行なう分野で民間事業者の資金、経営能力、技術力などを活用する手法。経済的・効率的・効果的なサービスを調達するのがねらい。

ビー・ツー・シー 英 B2C（Business to Consumer）　電子商取引の1つの形態を示す言葉。BはBusinessの略、CはConsumerの略である。消費者向けの小売りを意味する。インターネット上のオンライン店舗などによるさまざまなサービスや物品の販売を示す。

ビー・ツー・ビー 英 B2B（Business to Business）　電子商取引の1つの形態を示す言葉である。BはBusinessの略で、企業間の取り引きを意味する。BtoBには、特定企業間での固定された取り引きの場合と、不特定多数の企業が行う場合がある。

ピー・ツー・ピー 英 P2P（Peer to Peer）　パソコンのような端末同士がサーバーを介さずに直接データをやり取りする通信方式。

☞ **ピー・ピー・ピー〈1〉** 英 PPP（Public Private Partnership）　従来公共部門で行われていたサービス分野を、民間部門に開放、移譲すること。

☞ **ピー・ピー・ピー〈2〉** 英 PPP（Polluter Pays Principle）　汚染者負担の原則。⇒P119参照

ピー・ピー・ピー〈3〉 英 PPP（Point to Point Protocol）　2点間接続のデータ通信に利用されるプロトコル（規約）のこと。自宅などから電話線を用いてインターネットプロバイダにダイアルアップ接続を通してアクセスする場合にはこのPPPが必要になる。

☞ **現代行政用語**
ピー・ピー・ピー〈1〉 英 PPP（Public Private Partnership）

　Public Private Partnershipの略。「官民のパートナーシップ」という意。1970年代後半、英国でサッチャー政権時代に使われはじめた言葉。英国に限らず欧米の大きな潮流となっている。日本では、民間委託（アウトソーシング、公設民営）、PFI（Private Finance Initiative）、民営化、独立行政法人化などの事業推進手法を通して、従来公共で行なわれていたサービス分野を民間に開放することを言う。

ヒートアイランド現象 英 heat island effect　都市部の地表面における熱収支が、都市化による地表面の改変（地面の舗装、建築物）などにより変化し、都心域の気温が郊外に比べて高くなる現象。

ヒアリング 英 hearing　聞き取り。

☞ **ヒエラルヒー** 独 hierarchie　階層制、階統制を意味するドイツ語。

ビオトープ 独 Biotop　ギリシャ語源の「BIO（生物）」と「TOP（場所）」を合成したドイツ語。野生生物が共存共生できる生態系を持った場所という意味で用いられている。

ビジネス・インキュベーター 英 Business Incubator　インキュベーターは「孵化器」「保育器」を意味する言葉。創業間もないベンチャー企業に人材、経営コンサルティングなどを提供して、企業を育成する組織、機関を指す。

ビジネス・プロセス・リエンジニアリング 英 Business Process Reengineering　管理・間接部門の業務効率化またはリストラ策を意味する。

☞ **現代行政用語**

ピー・ピー・ピー〈2〉 英 PPP（Polluter Pays Principle）
　　　　　　汚染者負担の原則。OECD（経済協力開発機構）が提唱した、汚染物質を出すものは、公害を起こさないよう、自ら費用を負担して必要な対策を行なうべきであるという考え方。

☞ **現代行政用語**

ヒエラルヒー 独 hierarchie
　　　　　　階層制、階統制を意味するドイツ語。ピラミッド型を形成する上位・下位の序列関係に組織化されている原理、ないしその組織体をさす概念。階統制、階層制、位階制と訳される。ドイツの社会学者M・ウェーバーが官僚制組織の特色的構造としてヒエラルヒーを主張し、組織の権限構造の主要原理とみられている。軍隊や行政機関はその典型的な例である。なお、「ヒエラルキー」といわれることがあるがこれは誤読で、ドイツ語では「ヒエラルヒー」、英語では「ハイアラーキー」と発音する。

ビス規制（BIS規制） 🇬🇧 Bank of International Settlement（Basel Agreement）　各国の中央銀行が出資する国際機関である国際決済銀行（BIS：Bank of International Settlement）が定めた自己資本比率規制・国際統一基準。BISの銀行規制監督委員会において一定の資格を備えた銀行以外の国際金融市場への参加を制限する目的で設定された。

ピッキング (和製英語)　施錠されているカギを特殊な金属製の工具を使い、解錠する技術。ピッキングによる侵入盗被害の急増が問題となっている。

☞ **ビッグバン** 🇬🇧 Big Bang　そもそもは、宇宙誕生時の大爆発のことであるが、転じて金融証券市場の抜本的な改革などを指す言葉として用いられている。

☞ **現代行政用語**
ビッグバン 🇬🇧 Big Bang

　そもそもは、宇宙誕生時の大爆発のことであるが、転じて金融証券市場の抜本的な改革などを指す言葉として用いられている。金融政策用語としてのビッグバンは、1986年10月に、英国のサッチャー首相によって、英国証券取引所で行なわれた証券制度改革のことをさす。国際金融センターとしての、シティの地位を確立することを目的に行なわれたこの改革は、既存の証券制度に大幅な変革を迫り、宇宙創世のときの大爆発にたとえて、ビッグバンと呼ばれた。一方、日本の金融ビッグバンは、1996年11月に第2次橋本内閣が提唱した、東京市場をグローバルな国際市場にするための金融制度改革のことをさす。英国のビッグバンと区別する意味で、日本版ビッグバンとも呼ばれている。近年は、こうした金融政策にかぎらず、様々な分野における大幅改革の俗称として「ビッグバン」が用いられる傾向がある。

関連 金融ビッグバン 和+英　政府が2001年までをめどとした、金融制度の大改革のこと。金融業界が「銀行」「信託銀行」「証券会社」「生命保険会社」「損害保険会社」など、役割ごとに分けられていた垣根を取り払う、海外の金融機関や国内外の非金融業から金融業界への参入も認めるなど、様々な改革が実行された。

ビットバレー 和製英語　渋谷区から周辺の目黒・青山・原宿までを含めたインターネットベンチャー系の集積地を指す。渋谷の「渋」を意味する英語bitterとコンピューター用語であるbitを掛け、谷を意味する英語valleyと組み合わせた造語。

ヒューマン・インターフェイス 英 human interface　コンピュータ等の機械と人間が接する場面を指す。道具をつかいやすくするための技術などに関して用いられる。

☞ **ビューロクラシー** 英 bureaucracy　官僚制。

　　関連 ビューロクラット 英 bureaucrat　官僚。

ビルト・イン・スタビライザー 英 built-in stabilizer　景気の自動安定化機能。社会保障制度や税制等をつうじて、制度改定等をともなわず自動的に景気変動を緩和する仕組みのこと。

☞ **現代行政用語**

ビューロクラシー 英 bureaucracy

　　官僚制。机（bureau）の力（kratia）から派生した概念。大きく二通りの語法がある。第一に、政治的な含意をもつ使用法で、国民の指導や監視を超越した特権的な高級公務員を指す。これは、国家権力による市民生活への干渉、ひいては権威主義や非能率、無責任といった負の側面を批判する概念として用いられることが多い。第二に、M・ウェーバーに代表される、複雑で大規模な組織の目的を能率的に達成するために、合理的に分業化された組織形態をさす用法がある。この場合、対象となるのは行政の担い手としての官僚組織だけでなく、企業などの組織形態も含んだ包括的、かつ価値中立的な概念である。

フ

フ

ファームステイ[英] **firm stay**　酪農、牧場、果樹栽培などを営んでいる民宿へ滞在し、農家の人々の暮らしを体験すること。

ファイア・ウォール[英] **firewall**　①防火壁。②コンピューターネットワークにおいて、外部の不正な進入から自分のネットワークを守る役割をするシステム。

ファクター[英] **factor**　要因、事象。

ファシズム[英] **fascism**　イタリアのファシスト党の運動や体制を指す言葉であったが、現在では全体主義的・権威主義的で、ナショナリズムの傾向を強く示す政治体制を指して用いられている。

ファシリテーター[英] **facilitator**　まとめ役。物事を円滑に進めるための人。

ファンダメンタリスト[英] **fundamentalist**　原理主義者。キリスト教やイスラム教等の経典の記述を文字通り、狭義に解釈している人々の総称。

☞　[関連] **ファンダメンタリズム**[英] **fundamentalism**　宗教的原理主義。

ファンダメンタルズ[英] **fundamentals**　国や地域の経済状況や通貨の価値を判断する基礎的な条件。景気動向、経済成長率、失業率、インフレ率、国際収支など。

ファンド・マネージャー[英] **fund manager**　資金管理者。株式、債券等の有価証券を運用する専門家。

フィージビリティー・スタディ[英] **feasibility study**　事業化可能性調査。

☞ 現代行政用語

ファンダメンタリズム[英] **fundamentalism**

宗教的原理主義。本来はアメリカの保守的プロテスタントの一派を指す言葉であったが、最近はもっぱらイスラム教過激派を意味する言葉として用いられる。

フィードバック🅐 feedback　もともとは制御の基本概念のひとつで、システムの出力に関する情報を入力の信号に戻すことをさす。政策用語としては、事業の結果を、事業本体に反映し、事業の評価と修正・中止などに活かしていこうという考え方。

フィールドワーク🅐 field word　野外などでの作業、研究。現場・現地での作業、研究、活動。

フィスカル・ポリシー🅐 fiscal policy　補整的財務政策。財政支出や租税を適正に運営・管理し、景気や経済の成長、雇用の安定を図ることを目的とした財政政策。

フィランソフィー🅐 philanthropy　人類愛や博愛を語源とする、社会貢献という意味の英語。企業等による社会貢献を指す言葉として用いられる。

フィルタリング🅐 filtering　必要なものと不必要なものを選別すること。

フェア・トレード🅐 fair-trade　「公平な貿易」の意味。発展途上国の輸出産品が買い叩かれることを防止し、生産者の自立した生活を支援するための運動。

フェイタル・エラー🅐 fetal error　致命的な過ち。

フェデレーション🅐 federation　①同盟、連合、連盟、連邦。②連邦政府の意。

フェミニスト🅐 feminist　女性権拡張論者。

☞　**関連 フェミニズム**🅐 feminism　男女同権主義、女権拡張運動のことをさす。

フェローシップ🅐 fellowship　①仲間であること、親交、親睦。②団体、組合。③大学や研究機関などの特別研究員。または、研究奨学金のこと。

☞　現代行政用語

フェミニズム🅐 feminism

　　　　男女同権主義、女権拡張運動のことをさす。古くは普通選挙や売春防止などの歴史的な運動があった。最近では国際婦人年をきっかけに男女共同参画推進が政府や各自治体で課題となってきている。法や条例の整備が現在進められている。

フォーディズム（フォード主義） 英 Fordism　大量生産・大量消費の方式を指す言葉。アメリカの自動車会社、フォードの自動車生産方法に由来する。

フォーラム 英 forum　公開討論会、評議会。交流広場。

フォローアップ調査 英 follow-up study　ある処置を行なった場合、その内容が妥当で有効なものであるかどうかを事後に（後追い活動として）確認する検証活動のこと。追跡調査。

プライオリティー 英 priority　物事に優先順位をつけること。政策用語としては、例えば3つの政策を同時に実施することが難しい場合、各政策の緊急性や効率性、コストなどを考慮して、実施の優先順位を決定することをさす。

プライシング 英 pricing　①価格をつけること。②発行条件の決定。

☞ **プライバタイゼーション** 英 privatization　公共事業の民営化。

プライベート・セクター 英 private sector　民間部門、民間企業。

プライベート・ファイナンス・イニシアチブ（PFI）　PFIの項を参照。

プライマリー・ケア 英 primary care　初期治療。1次医療。病院において、一般外来で行われる患者と医師の最初の診療を指す。（専門外来と一般入院は2次医療、専門医療は3次医療）。

☞ **プライマリー・バランス** 英 primary balance　国や自治体などの財政状態を示す指標のひとつ。「基礎的収支」ともいう。⇒P125参照

プライム・レート 英 prime rate　貸付金利、最優遇貸出金利。

ブラウザ 英 browser　インターネット上でホームページを閲覧するためのソフト。インターネットエクスプローラーや、ネットスケープナビゲーターなど。

☞ **現代行政用語**

プライバタイゼーション 英 privatization

公共事業の民営化。民営化については、その内容には濃淡がある。国鉄の分割民営化や自治体の事業の一部を民間企業に委託することも、民営化の一部である。近年の風潮として、政策の効率性・透明性・説明責任などを高めるため、官民が協力して公的事業を行なう考え方が広まりつつある。

フラッグシップ 英 flag ship 　旗艦。もともとは、海軍などの艦隊で、司令官が乗艦する艦のこと。現在は企業の主力商品のことをさすなど、幅広い用途で使用されている。

フラッシュオーバー現象 英 flashover 　室内における火災で、可燃性のガスが発生し、そのガスに炎が引火して一瞬のうちに炎が広がる現象。

フランチャイズ 英 franchise 　①特権、参政権、市民権。②主力選手、人気選手。③事業者（フランチャイザー）が他の事業者（フランチャイジー）との間に契約を結び、自己の商標や経営手法を用いて事業を行う権利を与え、フランチャイジーはその見返りとして一定の対価（ロイヤリティ）を支払う関係。

フリー・スクール 和製英語 free school 　不登校児などを受け入れ、高卒資格や大学検定試験の指導を行っている民間の学校。

フリー・トレード・ゾーン 英 free-trade zone 　自由貿易地域、自由貿易区。関税やその他の制限的通商規則が適用されない地域。

ブリーフィング 英 briefing 　説明。

現代行政用語

プライマリー・バランス 英 primary balance

　　　国や自治体などの財政状態を示す指標のひとつ。「基礎的収支」ともいう。国債の元利払いを除く歳出と、国債以外の歳入の差と定義される。国のプライマリー・バランスが均衡していれば、国民が払う税金などの負担と国から受ける公的サービスの受益は同じ水準になる。プライマリー・バランスが赤字の場合は、現代の世代にとっては、税負担以上の恩恵を享受することになる。反面、将来の世代は、そのツケを負わされることになる。

フリーライダー 英 free rider 「ただ乗りする者」の意で、公共財（公園、道路、きれいな空気など）の費用を負担せずに、その便益を享受する人のこと。公共財は、それを利用する者全員が共同で費用を負担するのが原則だが（共同消費）、費用を負担しなかった人でも利用を妨げられないので（非排除性）、フリー・ライドすることが可能となる。しかし、多くの人がフリー・ライダーになった時は、公共財は供給されなくなってしまう。そのため、いかにしてフリー・ライダーを防ぐかが課題となる。

ブリッジバンク 英 bridge bank 継承銀行。銀行が破綻した際、預金の払い戻しや融資などのサービス引き継ぎで提供する金融機関。最終的な受け皿が決まるまでの、つなぎの役割を果たす。

フリンジ・ベネフィット 英 fringe benefit 賃金以外に事業主から従業員に与えられる経済的便益のこと。社会保険料、退職金、社宅など。

プリンシパル 英 principal 主な、主要な、第一の。

ブルー・ロー 英 blue law 安息令、厳格な法律。日曜日に働くことや娯楽に興じることを禁止する法律。

プルサーマル 和製英語 pluthermal プルトニウムとサーマルリアクターからの造語。軽水炉などの原子炉で燃やされた使用済燃料を再処理して取り出されたプルトニウムを、再び軽水炉の燃料として利用すること。

フレームワーク 英 framework 骨組み、枠組み。

ブレーン・ストーミング 英 brainstorming 1940年代に、アメリカで開発された、集団アイディア創出のための方法のひとつ。「1. 集団としてできるだけ多くのアイディアを出す」「2. 既成事実、固定観念にとらわれず、自由な発想が歓迎される」「3. どのようなアイディアが出されても、批判したり評価したりすることは禁止される」「4. 出されたアイディアを交換しあって、より洗練されたものにする」という、4つのルールに基いて、多人数でアイディアを出していく。この手法は現在、新規の事業や政策を実施する際に、官民を問わず広く利用されている。

フレキシブル[英] flexible 曲がりやすい、柔軟性がある。

プレゼンテーション[英] presentation 発表、実演、提示。

フレックス・タイム[英] flextime 始業終業の時刻を、従業員が自由に選択できる制度。自由勤務時間性。

プレミアム[英] premium ①保険料、保険の掛け金。②割り増し、割増価格。

フロー[英] flow 流れ、流量。

[関連]**フロー・チャート[英] flow chart** 流れ図、物事の流れがわかる図解。

ブロードバンド・ネットワーク[英] broadband network 大容量のコンテンツを高速で送受信できるインターネット接続環境。ADSL回線、専用回線、光ファイバーケーブルなどがこれに当たる。

プロジェクト・ファイナンス[英] project finance プロジェクトの資金調達を行う際、事業者が自身で借り入れを行なわず、プロジェクトを遂行するPFI事業会社（特別目的会社：SPC＝Special Purpose Company）を設立し、この会社を事業者として独立して借入を行う資金調達の仕組み。

プロトコル[英] protocol ①外交儀礼、儀典。②コンピュータによる通信接続の手順。

プロトタイプ[英] prototype ①基本形、原型。②試作品。

プロパー[英] proper ①適した、適切なの意。②組織内における、生え抜きの人材。

プロバイダー[英] provider インターネットへの接続を代行してくれる業者。

へ

ペイオフ 英 payoff　ペイオフとは、金融機関が万一破綻したときに預金者を保護するための仕組みのこと。金融機関が加入している預金保険機構が、預金者に一定額の保険金を支払う。個人や法人など、一つの金融機関につき、一預金者1000万円までの預金とその利息が保護される。2002年3月31日までは、この制度を凍結され、特例的に全額が保護されていたが、現在は一部凍結解除されている。当座・普通・別段預金は、凍結解除が2005年4月1日以降までは全額保護される。

　関連　**ペイオフ・コスト** 和製英語 payoff cost　ペイオフが実施される場合に、預金保険機構が1000万円までの預金元本とその利息を全額保護することに伴って必要となる保険金支払の総費用のこと。

ペイン・クリニック 英 pain clinic　痛みの診断治療を専門に行う診療科。

ヘゲモニー 英 hegemony　覇権。特に、国際政治において、他国を圧倒するような政治的、経済的、軍事的な実力を持つ国家を指す概念として用いられる。

ヘッジ・ファンド 英 hedge fund　株取引において、損失を回避するための手法である「ヘッジ」を、利益獲得の手段として用いる仕組みのこと。例えば、価格下落が見込まれる株式を一時的に借り受けて売り、実際に価格が下がった後に買い戻して返すことで差額を得る、といった手法が用いられる。成功すれば莫大な利益を得られる反面、失敗した時の損失も大きい、ハイリスク・ハイリターンの投機手法。

ペット・アーキテクチャー 英 pet architecture　建物と建物との間や、拡幅された道路の脇など、狭くいびつな形状の土地に建てられた建築の総称。

ペット・ロス 英 pet loss　長年飼っていたペットが病気や事故に死んだ際に、飼い主たちが陥りやすい喪失感。

ヘッドハンティング㊥headhunting　他社の従業員に対して、新たに有利な労働条件などを提示して、自社への転職を勧誘すること。なお、そういった仕事を専門に行なっている人たちをヘッドハンターと呼ぶ。

ヘブン・アーティスト 和製英語 haven artist　東京都が行っている文化活動。審査により選定したアーティストにライセンスを発行して、公園や地下鉄の駅など、公共施設の一部を活動の場として提供している。

☞ベンチマーキング㊥benchmarking　企業経営の改革をはかる手法の一つ。

ベンチャー㊥venture　投機、冒険の意だが、近年はベンチャー企業という意味で用いられることが多い。

　関連 ベンチャー企業 英+和　近年よく耳にする言葉だが、しっかりした定義はなく、論者によって様々な用いられ方をしている。最も狭義には、何らかのリスクを負いつつ、イノベーションを起こそうとしている企業をさすが、広義には、単に新しい企業の意味で用いられることもある。

　関連 ベンチャー・キャピタル㊥venture capital　ベンチャー投資資金。ベンチャー事業へ投資する会社、またはその資本。

☞ 現代行政用語
ベンチマーキング㊥benchmarking

　　　　企業経営の改革をはかる手法の一つ。複数企業のビジネスのやり方を比較し、最良のパフォーマンスを達成している企業から成功要因を分析し、自社の改革に適用するもの。近年、この手法を行政組織に応用し、政策や事業に対する評価を進める試みが多数なされている。

ホ

ボーダーレス化 〈和製英語〉　人や資金、情報、技術が、国境を自由に越えて移動すること。ボーダーレスは無境界、脱境界と訳される。

ボート・ピープル 〈英〉boatpeople　戦争や内戦から逃れるため、ボートで国外に脱出する難民のこと。日本では、1975年5月にベトナムからのボート・ピープル9名が上陸したのが最初と言われ、現在まで多くの難民がやってきている。こうした難民に対する日本の対応は、他の先進国と比べて消極的であるといわれ、しばしば批判の対象となっている。

ホーム・ヘルパー 〈和製英語〉home-helper　家事援助者。家政婦。

☞ **ホイッスル・ブロー** 〈英〉whistle blow　内部告発者。

ポケットパーク 〈英〉pocket park　小さな公園。

ポジション・ペーパー 〈英〉position paper　討議資料、政策方針書。

ホストコンピューター 〈英〉host computer　コンピューター・ネットワークの中で、中心的な役割を果たす高性能コンピューター。

ポスト・ハーベスト 〈英〉post-harvest　収穫後の意。日本では、収穫後に散布する農薬（postharvest agricultural chemicals）のことを指して用いられている。

☞ **現代行政用語**

ホイッスル・ブロー 〈英〉whistle blow

　　内部告発者。「ホイッスル（警笛）をブロー（吹く）者」の意で、企業や行政において、内部の腐敗・不正・問題点などを内部に属するものが告発すること。アメリカでは、ホイッスル・ブローは社会の安全を維持するためのシステムとして広く認知され、ホイッスル・ブローを保護するための法律や機関が既に存在している。近年、日本においても、企業などの不正や事故隠しが社会問題化したため、ホイッスル・ブローを制度的に保護するための議論が活発化しつつある。

☞**ポスト・モダン**英 post modern　近代的な価値観に対する根底的な懐疑。

ホスピス英 hospice　末期症状患者（特に末期がん患者）の、肉体的・精神的苦痛を取り除く治療や看護を行う施設。

ボトムアップ英 bottom-up　下から上の。

ボトムライン英 bottom-line　最低線。実利的な、現実主義の。

ボトルネック英 bottleneck　障害、障壁。

ポピュリズム英 popularism　大衆迎合主義。

ボランタリー・スキーム英 voluntary scheme　イギリスの労働政策。50歳以上で一定期間以上失業している者か経済的に困窮している者へ、雇用サービス庁が個々人に見合った求職に関する助言を与える。また、その後も、職を維持するのに必要な資格を得るのを支援するための、職場内訓練手当を支給する。

ボランティア英 volunteer　自発的な活動。ガバナンスの社会においては、市民が、NPOやNGOなどを通じたボランティア活動へ参加し、行政組織の活動を補完してゆくことが求められている。

ポリシー・ボード英 policy board　政策決定機関。

☞**ポリシー・ミックス**英 policy mix　二つ以上の政策手段が組み合わさって一つの政策手段となったもの。⇒P132参照

ポリティカル・アパシー英 political apathy　政治的無関心。

ポリティカル・アポインティ英 political appointee　政治任用。

ポリティカル・コレクトネス英 political correctness　政治的正当性、政治的正しさ、政治的公正。

☞ **現代行政用語**

ポスト・モダン英 post modern

　　　近代的な価値観に対する根底的な懐疑。ポスト・モダンという言葉は、1970年代のアメリカ、フランスで用いられるようになった。この思想の特徴は、モダニティ（近代性）や近代的価値観に対して懐疑的な考えをもつことである。ポスト・モダンの論じられる文脈は非常に広く、工業中心の経済、政治的単位としての国民国家、個人という概念そのもの、美術、文芸など、およそ近代が育んできたと思われる様々な事象におよぶ。

ポリティカル・マシーン 英 political machine　地方政党によって政治が腐敗し、構造的な汚職が慢性化した状態を指す言葉。もともと19世紀末のアメリカの大都市政治について出てきた表現。ニューヨーク市などでは、ボスになる政治家を頂点に、それを支える組織がネットワーク状に形成された。その結果、アメリカの都市政治は腐敗し、1930年代まで暗黒時代を迎えることになった。日本でマシンは、田中マシンや竹下マシンなど、有力国会議員を頂点とする後援会と選挙組織を指すことが多い。

ポリティシャン 英 politician　政治家、政治屋。（政治家を意味するもう一つの単語であるステートマンに比べると、ポリティシャンという単語は否定的な意味合いが含まれる。）

ホルモン 英 hormone　脈管内液および組織間隙中に分泌され、少量で特異的な作用を発揮する物質。

　関連 **環境ホルモン** 和＋英 environmental estrogen（endocrine disrupters）　内分泌攪乱化学物質。体内のホルモンの働きを乱し、生殖機能への影響などが心配されている人工的に作りだされた化学物質。

☞ 現代行政用語

ポリシー・ミックス 英 policy mix
　　二つ以上の政策手段が組み合わさって一つの政策手段となったもの。例えば、都市計画を考える際、同時に自動車の交通量などを考慮したり（交通政策）、犯罪の発生しにくい区画整備を行なったりする（治安政策）などが考えられる。この場合、複数の部局にまたがって政策が展開されることになるので、行政内部のセクショナリズムをいかに乗り越えるかが課題となる。

マ

マーケット・メカニズム🇬🇧 market mechanism　市場原理。

マージナル🇬🇧 marginal　周縁の、辺境の。

マイノリティ🇬🇧 minority　少数派。

マキャベリズム🇬🇧 Machiavellianism　イタリアの政治学者、マキャベリが展開した政治思想。マキャベリによれば、君主は政治目的に合致する行動をとることが求められる。そのためには、必要とあれば、社会の道徳観念にとらわれずに、力に訴えることも必要である。ただし、その一方で、世間からの支持を得るために、社会の道徳観念に忠実な「ふり」をすることも必要である。このようなマキャベリの議論は、政治には結果責任が求められること、またそれこそが、道徳や宗教とは異なる、政治独自の行為法則であることを明らかにした。現在一般的に用いられている、「陰謀術数主義」とはやや意味が異なることに注意。

マグネット・スクール🇬🇧 magnet school　マグネット（磁石）のように、子ども達を惹き寄せる学校。学校独自の特色ある教育活動を展開している。

マス・デモクラシー🇬🇧 mass democracy　大衆民主主義。

マスター・プラン🇬🇧 master plan　基本的な方針。市町村の都市計画に関する基本的な方針である「都市計画マスタープラン」の略として用いられることが多い。基本計画。

☞ **マニフェスト**🇬🇧 manifest（manifesto）　①政策綱領。②産業廃棄物管理票。⇒P134参照

マニュスクリプト🇬🇧 manuscript　原稿。

マネー・サプライ🇬🇧 money supply　通貨供給量。

マネー・マーケット・ファンド🇬🇧 money market mutual fund（MMF）　短期金融資産投資信託。

マネタリー・ベース🇬🇧 monetary base　金・貨幣流通量に金融機関の日銀預け金を合わせたもの。

☞ **マネタリズム** 英 monetarism　貨幣の重要性に着目した経済学の理論。

マルチ・リージョナル・バンク 英 multi-regional bank　地域別・業態別金融機関の連合による金融機関、グループ。

☞ 現代行政用語

マニフェスト 英 manifest（manifesto）

①政策綱領。元々は、英国で、選挙の際に各政党が「政権獲得後に実現させる政策」をまとめた冊子のこと。いわゆる「公約」とは異なり、内容に具体性を持たせるために、各政策ごとに「期限」（いつまでに）、「財源」（どのお金を使って）、「数値目標」（どの程度のことを）、「工程表」（どういう手順で）の4つを示すことが多い。近年、いわゆる改革派知事と呼ばれる知事らが提唱し、国政、地方政治を問わず広まりつつある。②産業廃棄物管理票。産業廃棄物の移動を正確に把握するための積荷管理票。産業廃棄物は、排出事業者が処理責任を負うこととされている。排出事業者がその処理を他のものに委託する場合、産業廃棄物の性状等の情報を排出業者、収集、運搬業者、処分業者の間で受渡することによって、廃棄物の流れや処理状況を把握する。

☞ 現代行政用語

マネタリズム 英 monetarism

貨幣の重要性に着目した経済学の理論。1960年代から70年代にかけて、当時支配的であったケインズ主義に対抗して提起された経済学派。経済に対する貨幣供給量の影響力を重視し、自由裁量的な総需要管理政策ではなく、制限的な貨幣供給政策を主張する。アメリカの経済学者フリードマンらがその代表的な論者である。

ミ

ミスマッチ🇬🇧 mismatch　不釣り合い。不適当な組み合わせのこと。

ミッション🇬🇧 mission　①派遣団、使命。②伝導（布教）団体。ミッションスクールとは非キリスト教国にキリスト教の伝道団体が設立した学校。

ミドル・マネジメント（和製英語）middle management　組織の中間に位置しているマネジメント層であり、中間管理層とも呼ばれる。また、部門管理層とも言われることもあり、具体的な役職では部長、課長等がこれにあたる。

ミニスター🇬🇧 minister　大臣。

ミニストリー🇬🇧 ministry　①省。②内閣。

ミニマム・アクセス🇬🇧 minimum access　最低輸入業務量。

メ

☞ **メイン・バンク** 和製英語 main bank　企業が取引を行う金融機関の中で最も多額の融資を受け、人的・資本的に最も密接な関係にある金融機関。

メガバンク 英 mega bank　巨大銀行。巨大な資産や収益規模を持つ銀行（グループ）のことで、日本では、三菱東京フィナンシャル・グループ（東京三菱銀行）、三井住友銀行、UFJグループ（UFJ銀行）、みずほフィナンシャルグループ（みずほ銀行）を指す。

メガフロート 和製英語 mega float　ギリシャ語で大きいという意味のmegaと英語で浮体を表すfloatを合わせた造語で、超大型浮体式構造物の事を指す。

メセナ 仏 mecenat　企業による芸術・文化活動への支援。

メチエ 仏 metier　経験によって身に付く技術。

メディケア 英 Medicare　米国の65歳以上の老人や障害者などを対象に連邦政府が運営している医療保険。

メトロポリス 英 metropolis　首都、主要都市。

☞ **現代行政用語**

メイン・バンク 和製英語 main bank

　　企業が取引を行う金融機関の中で最も多額の融資を受け、人的・資本的に最も密接な関係にある金融機関。戦後の日本では、銀行が、株式の持合を通じて企業の主要株主となり、企業に役員を派遣して経営・管理に介入する事例があった。この制度によって、企業は長期にわたって安定的な融資が受けられたため、バブル期までは日本企業の発展を支えたとして高く評価されてきた。しかしバブル崩壊後、多くの銀行や企業が経営危機に陥り、株式の持合の解消など、メイン・バンク制の崩壊が進んでいる。

メリットクラシー 英 meritocracy　能力が高い人材や、業績を重ねた人びとが政治や行政を担当する社会。アリストクラシー（貴族社会）などの対義概念であり、近代以降の、メリット・システムによって選ばれた官僚による社会支配を指すことが多い。アリストクラシーよりも合理的な支配政体といえる。しかし少数の官僚が支配するエリート政治に陥る危険性もはらんでいる。

☞ **メリットシステム** 英 merit system　資格任用制、任用試験制度。

メルクマール 独 Merkmal　目標、指標。

メルティング・ポット 英 melting pot　人種のるつぼ。移民の国であり、様々な民族、文化背景をもった人々が共存するアメリカの社会を評した言葉。しかし、実は民族間の文化的相違は決して失われているわけでなく、混ざり合うというよりは、共存しているのではとの指摘もある（このことから、アメリカ社会をサラダボールと呼ぶ人もいる）。

メルトダウン 英 meltdown　原子炉の炉心が温度の急上昇によって「溶融」する現象。

メロー・ソサイアティ 英 mellow society　円熟社会。余暇の重視、高齢者の社会参加の促進など、既存の価値観にとらわれない、充実した生活を保障する社会を目指す概念。

メンタル・ヘルス 英 mental health　精神的健康、精神保健。心の健康。

☞ **現代行政用語**

メリットシステム 英 merit system

　　　　資格任用制、任用試験制度。筆記試験などで公平な選抜を行い、能力や業績によって採用や昇進を決めていく人事システムのこと。政治家が政治的任用を行なうスポイルズ・システムに比べ、政治的中立性と、能力による機会平等主義を重視する立場をとる。日本の公務員試験制度もこれにあたる。

モ

モーゲージ英 mortgage　担保、抵当、不動産に対する抵当権。

モータリゼーション英 motorization　英語では動力化、電動化の意。車社会化。ある社会に属する人々が、日常生活において車の使用が一般化すること。日本でも高度成長期に急速にモータリゼーションが進行し、国民生活に多大な利便性をもたらした。だが一方で、交通渋滞、交通事故の多発、環境の悪化など、負の側面も見逃すことができない。

モーダル・シフト英 modal shift　幹線貨物輸送を、トラックから省エネ・低公害の大量輸送機関である鉄道または海運へ転換し、鉄道・海運とその末端のトラック輸送を機動的に組み合わせた輸送を推進すること。

モチベーション英 motivation　動機付け。

モニタリング英 monitoring　監視。

モノポリー英 monopoly　独占。独壇場。

モラトリアム英 moratorium　①支払い猶予。②何かが決定された場合において、その決定の実行までに猶予期間を設けること。例えば、新規の原子力発電所の建設を当面中止することなどを指す。転じて、社会に出るまでの自由な時間を満喫する大学生生活のことを指す場合もある。

☞ **モラル・ハザード**英 moral hazard　倫理観の欠如の意。

> ☞ 現代行政用語
> **モラル・ハザード**英 moral hazard
> 　　倫理観の欠如の意。政府が危機を回避するために、様々な手段や政策を整備することで、かえって経営者や管理責任者の責任感と緊張感が失なわれ、危険や事故の発生確率が高まることを指す。金融分野においては、特別融資や預金保険といったセーフティ・ネットがあるため、金融機関の経営者、株主や預金者等が、経営や資産運用等における自己規律を失うことがある。

ユ

ユー・エス・ビー🇬🇧 USB（Universal Serial Bus） 　共通のコネクタで、さまざまな周辺機器を接続することができる、パソコンのインタフェース規格。

ユーロ🇬🇧 Euro 　ドイツ、フランスなど欧州12か国で流通している、単一通貨。2002年1月1日に現金流通を一斉に開始した。人口で米国を上回る約3億300万人、域内総生産（GDP）でも世界の16％を占める巨大な単一通貨経済圏が出現した。

☞ **ユニ・ラテラリズム**🇬🇧 unilateralism 　一方的外交。一国主義。

ユニバーサル・サービス🇬🇧 universal service 　全国均質サービス。電気や水道、電話、郵便など生活に不可欠なサービスを、誰でもが、国内どこでも適切な料金で公平に利用できるよう提供すること。

☞ 現代行政用語
ユニ・ラテラリズム🇬🇧 unilateralism
一方的外交。一国主義。外交政策で、自国の都合のみを重視することを指す。外交における国益重視の姿勢は、度が過ぎると国際的な協調体制を乱しかねない危険性を秘めている。近年のアメリカ外交は、特にこのユニ・ラテラリズムに傾きつつあるといわれる。米ロ間ABM（弾道弾迎撃ミサイル）制限条約、CTBT（包括的核実験禁止条約）、生物兵器禁止条約、京都議定書などからの離脱がその例である。

☞ 現代行政用語
ユニバーサル・デザイン🇬🇧 universal design
「より多くの人が使いやすい」ということを基本姿勢としたデザイン設計。すべての人に使いやすくすることを意図した設計。デザイン自体が障害・障壁を感じさせないものになっていることが特徴。

☞ **ユニバーサル・デザイン** 英 universal design 「より多くの人が使いやすい」ということを基本姿勢としたデザイン設計。⇒P139参照

ユビキタス 英 ubiquitous 時空自在。遍在するという意味。身のまわりのさまざまな家電製品をつうじて情報ネットワークにどこからでもアクセスできる環境を指して用いる。

ラ

☞ **ライト・サイジング** 英 right sizing　規模の適正化。

ライフ・サイクル 英 life cycle　①生物（特に人間）が生まれてから死ぬまでの過程。生活環ともいう。生涯過程。②人間の生活周期。人間の人生を、いくつかの段階に分けたもの。③商品が市場に出てから、売れなくなるまでの過程。

ライフ・サイクル・マネジメント 英 life circle management　製品や組織を取り巻く環境を、ライフサイクルの観点から継続的に改善するために、環境、経済、技術そして社会的側面に焦点を当てた、概念、手法、手続きを流動的に統合させた枠組み。

ライフライン 英 lifeline　電気や水道、ガス、電話など、線で結ばれている、日常の生活を支えるシステム。生活線。

☞ **ライン・アンド・スタッフ組織** 英＋和 line and staff organization　組織運営の手法の一つ。

☞ 現代行政用語

ライト・サイジング 英 right sizing

規模の適正化。行政組織には、特殊法人などの組織が多数存在し、行政活動を行う組織の全容を把握するのは困難である。行政改革において議論される規模の適正化は、行政組織の実際の規模を把握しなければ進めることが出来ない。

☞ 現代行政用語

ライン・アンド・スタッフ組織 英＋和 line and staff organization

組織運営の手法の一つ。命令系統の統一性を特徴とするライン組織と、専門化を特徴とするスタッフ組織の、両方の利点を取り入れた組織形態。ライン組織は管理と執行を、スタッフ組織は助言や助力をそれぞれ担当する。今日広く採用されている組織の基本形態。ライン機能、スタッフ機能を参照。

ライン機能 英+和 line function　部・課・係のように垂直的な命令系統にしたがって、組織内で割り当てられた任務を遂行する機能。また行政の現場で実務にあたる人びと。ラインとは「実務」や「現場」の意。ライン部門によってなされた作業は、スタッフ部門によって評価・分析され、新たな企画立案へと導かれる。

☞ **ラスパイレス指数** 英+和 Laspeyres Index　国家公務員と地方公務員との給与水準を対比するときに使われる指標。

ラマダン アラビア Ramadan（アルファベット表記）　断食月。イスラム教の暦で9番目の月に新月が「肉眼で」確認できたら始る。その月は、日の出から日没まで断食を行う。

ランダム・サンプリング 英 random sampling　無作為抽出。統計調査などにおいて、母集団（全体）の人数が膨大で全数調査が不可能な時、偶然の確率のみにしたがって、母集団の中から実際に調査する対象者を選び出す手法。こうして選ばれた標本は、母集団の特徴をかなり正確に反映したものになる。

ランドスケープ 英 landscape　風景。展望。

ランドスケープ・アーキテクト 英 landscape architecture　景観設計、風景計画。

ランドマーク 英 landmark　①目標、目的、目印。②都市の象徴となるような建物や記念碑。古くは城や寺社仏閣がその役割を果たし、現在ではタワーやビルなどが新たなランドマークとして活用されている。近年の街づくりでは、このランドマークを意識し、活用した都市計画が注目を集めている。

☞ **現代行政用語**
ラスパイレス指数 英+和 Laspeyres Index
　　　　国家公務員と地方公務員との給与水準を対比するときに使われる指標。国家公務員の職員構成を基準とし、職種ごとに学歴別、経験年数別の平均給与月額を比較し、国家公務員の給与を100とした場合の地方公務員の給与水準を指数で示したもの。

リ

☞ **リージョナリズム** 英 regionalism　地域主義。

リーフレット 英 leaflet　一枚物の印刷物。ちらし。

☞ **リコール** 英 recall　①解職請求、国民解職。②欠陥商品の回収、不良品の回収。

☞ **リストラクチャリング（リストラ）** 英 restructuring　事務・事業の再構築。

リセッション 英 recession　景気後退。

リターナブル瓶 英＋和 returnable bottle　回収して洗った後、そのまま再使用できるビンのこと。一升瓶やビール瓶など。リサイクルへの関心が高まるなかでリターナブル瓶の価値が見直されている。「リターナル瓶」とよばれることも多い。

☞ **現代行政用語**

リージョナリズム 英 regionalism

　　地域主義。地域住民が、その地域の社会的、文化的特長にもとづいた一体感を共有し、その地域の行政・経済活動において、自立性と文化的独立性を追求すること。

☞ **現代行政用語**

リコール 英 recall

　　①解職請求、国民解職。住民が有権者の3分の1以上の署名を当該選挙管理委員会へ提出し、住民投票へかけ、過半数の同意があれば地方自治体の首長や議員は解職になる。②欠陥商品の回収、不良品の回収。欠陥車のリコール制度は、自動車製作社が国土交通省に届け出て自動車を回収し、無料で修理する。

☞ **現代行政用語**

リストラクチャリング（リストラ） 英 restructuring

　　事務・事業の再構築。しかし、経営が行き詰まりを見せた企業が行う従業員の「整理解雇」を意味する言葉として用いられることが多い。

リ

リテール[英] retail 小売。小売業。

リテラシー[英] literacy 読み書きの能力、教養。

リナックス[英] Linux UNIX互換のOS（基本ソフト）。ソースコードを公開し、自由に改造のできるソフトウェアとして人気がある。

リニューアル[英] renewal 刷新。ものごとを新しくすること。特に店舗や施設などについて用いる。

リノベーション[英] renovation 修復、修理。

リバーシブル・レーン[英] reversible lane 交通量の変化に合わせて、道路の中央線を移動させ、上下線の車線数を増減することにより道路を有効に利用できるシステム。

リバース・モーゲージ[英] reverse mortgage 高齢者などを対象とする特殊な融資方法。利用者は持ち家を担保に、金融機関や自治体等から、自宅に住みながらにして、毎月お金を借りて生活費に充当する。死亡もしくは契約終了時に、その持ち家を売却、処分するなどして借りたお金を一括返済する。

リバタニアニズム[英] libertarianism 自由至上主義、自由尊重主義。自由主義を徹底的に擁護する思想。単に、意思の自由を主張する立場や、権威主義に対する自由を主張する立場もあるが、現在において重要なのは、社会民主主義に対比する意味でのリバタニアリズムである。この立場は、個人の自由の絶対性を擁護し、国家の介入を極力排除することを強調する。そのため、経済的には私的所有権や市場原理の擁護などを、政治的には、国家の役割を治安、防衛、司法に限定した「最小国家論（小さな政府論）」を主張する。

リビジョニズム[英] revisionism 改正論、見直し論。

リフレーション[英] reinflation 通貨再膨張。経済がデフレ不況に陥ることを回避するための景気浮揚策のこと。需要を刺激し物価の下落を抑制するなど、経済を活性化させる。

リベート[英] rebate 手数料、払い戻し。英語には、日本語で使われるような否定的な意味合いはない。

☞ [関連] **リベラル[英] liberal** 自由主義。⇒P145参照

リベラル・アーツ🔠 liberal arts 　教養学科、一般教養科目。

リボルビング🔠 revolving 　回転するという意。拳銃をさすこともある。クレジットカードのリボルビング払いは、毎月一定の金額を支払う決済方法。

リユース🔠 reuse 　一度使い終わった物品を、再び使用すること。「リサイクル」は一度原材料に戻してから再加工するのに対し、リユースは物品をそのまま再使用点が異なる。

リンケージ🔠 linkage 　関連、連鎖。ある物事とある物事が関連を持っていること。

　関連 政策のリンケージ 和+英 policy linkage 　一見異なってはいるが、大局的に見れば関連しあう政策同士を、政策の策定、実施、評価の各段階でリンケージさせること。例えば、新たな工業用地を開発する際、周囲の環境にも配慮する（開発政策と環境保護政策のリンケージ）、都市計画を行なう際、犯罪や事故がおきにくくなるよう配慮する（都市計画、治安政策、交通政策のリンケージ）などがこれにあたる。異なる部局にまたがる場合が多いので、セクショナリズムを打開し、いかに各部局の横の連携を取れるかが課題となる。ポリシー・ミックス、セクショナリズムを参照。

☞ **現代行政用語**

リベラル🔠 liberal

　自由主義。その内容は使用される文脈によって異なる。経済的には、市場の自主性を重視し、国家の介入をできるだけ小さくする立場を指す。国内政治的には、制度や意識などの改革を通じて、国や社会を斬新的に向上させようとする立場を指すことが多い（保守主義の対立概念）。また国際政治の文脈では、国家間の関係について、競争よりも共存のメリットを重視する立場として用いられる（現実主義の対立概念）。

ル

☞ **ルーティン** 英 routine　機械的作業、日常作業。

ルサンチマン 仏 ressentiment　もともと恨みや憎しみが心の中にこもって鬱屈した状態をいう言葉。ドイツの哲学者ニーチェはこれを弱い者への思いやりや自己犠牲を説く平等主義的な道徳の起源を説明するために用いた。

ルビコン川（を渡る） 英＋和　Rubicon river　勇気をもって決断する必要のある場面で、思い切って決断し前に進むこと。ルビコン川（イタリア名はルビコーネ川）とは、イタリア中北部を流れ、アドリア海に注ぐ川。古代ローマの将軍カエサルは、紀元前49年、遠征の留守中に権力を握ったポンペイウスを打倒するため、禁を犯して武装のままルビコン川を東へ渡り、ローマへ進軍して勝利を得た故事にもとづく。またこの時、カエサルは「賽は投げられた」という名言を残したとされている。

☞ **現代行政用語**

ルーティン 英 routine

機械的作業、日常作業。決まりきった仕事の意。行政組織の特徴の一つは、業務のルーティン化にある。ルーティン化により、業務の効率的な運営が行なえる。行政組織内の政策決定過程や、書類の作成方法やそのフォーマットなどは、ルーティン化の一例である。しかし、このルーティン化は、往々にして、「お役所仕事」、「官僚的」という批判を受ける。また、災害などの突発的事象へ柔軟に対応できないという問題がある。

レ

レイオフ 英 layoff　会社の業績悪化などが原因で、一時的に解雇を行うこと。従業員個人の勤務態度や就業規則違反による解雇とは異なる。

レイバー 英 labor　①労働、労働力の意。②イギリスの労働党のことを指して用いられることもある。

レイム・ダック 英 lame duck　足の悪いアヒルの意。転じて、任期満了間際で力を失った政権などを指す言葉として使われる。

レギュラシオン 仏 régulation　フランスで提唱された、新しい経済理論。新古典派経済学とは異なり、市場経済を自動調整メカニズムが内包した社会と見ず、制度や慣行などによって調整される社会と見るところに特徴がある。レギュラシオンとは、そもそもフランス語で「規制」「調整」という意味。

レジーム 英 regime　もともとは、国家の政治体制を指す概念であったが、近年では、国家間で成立しているルールや規範などの意味で用いられることが多い。

レジデンス 英 residence　住所、居住地、住宅、邸宅。

レゾンデートル 仏 raison d'etre　存在意義。

レッセ・フェール 仏 laissez-faire　「なすに任せよ。行くに任せよ」という意。特に、自由主義経済学の標語として用いられる。自由放任主義。

レッド・データリスト 英 red data list　国際自然保護連合によって発行されている、絶滅のおそれがある動植物のリスト。近年自治体でも独自に作成し、保護対策を講じている。

レッド・テープ 英 red tape　英語で、お役所仕事、官僚的作業の意。否定的な意味合いで使われる。

レッド・ライニング 英 red lining　60年代から70年代にかけて、アメリカで金融機関が低所得者やマイノリティが多い地域を地図上に赤線で囲み、枠内の住民や企業へ貸出を行わなかったこと。

レバレッヂ効果 英+和 leverage effect　てこの作用の意。商品先物取引などにおいて、低い自己資産比率で巨額な資金を動かすこと。

☞**レファレンダム** 英 referendum　国民投票、住民投票。

レント 英 rent　もともとは「地代」の意。政治学では、政府がある産業に対し保護や規制を行なうことによって、その産業が得る既得利益の事をさす。

レント・シーキング 英 rent seeking　企業や利益団体が、自分たちに有利な規制政策や保護政策を引き出すために、政治家や行政機構に働きかけを行なうこと。これに対して企業そのものの競争力を高めて収益をあげようとすることをプロフィット・シーキングという。

☞ **現代行政用語**
レファレンダム 英 referendum

　　　　国民投票、住民投票。スイス、アメリカが有名。ことにカリフォルニア州では、この制度が多用されている。カリフォルニア州のレファレンダムは、直接住民投票制と呼ばれる。住民が特定の条例案の制定を起案し、その件に関して一定の署名が集まると、案件は即刻、直近の投票にかけられる。近年、日本においても重要な政策の決定に市民の意向を反映させるため、住民投票条例を制定する地方公共団体が増えている。ただ現状では住民投票に法的な拘束力はない。また、日本の住民投票は国政レベルの重要案件を問題にするものが多く、その是非を単純に問うという形式が一般的である。

ロー・スクール英 law school　2004年度から、開設される法科大学院。法科大学院を卒業した後に受験する新司法試験の合格率は70％に設定される予定。

ローカリズム英 localism　国や地域の個性を重視する考え方。それぞれの国や地域の文化、伝統、自然などを尊重し、大事に守り育てていくべきものとして捉える。

ローカリティ英 locality　局所性。

ロード・プライシング英 road pricing　交通渋滞や大気汚染の著しい地域に入る自動車に課金すること。

ロジスティクス英 logistic　後方支援、兵站業務。

ロビイスト英 lobbyist　ロビイングを職業とする人。企業や利益団体、NGOなどの代理人として、政治家や官僚などに接触し、情報の収集や働きかけを行なう。

　関連 **ロビイング**英 lobbying　利益の増進や目的の達成のために、政治家や官僚に対して直接的な影響力を及ぼそうとする活動。

ワ

ワーカーズ・コレクティブ 英 wokers' collective　地域に暮らす人々が、住民の視点から地域に必要な「もの」や「サービス」を事業化するために、自ら出資、運営をする組織。

ワーキング・グループ 英 working group　作業部会。特定の目的達成のために有志が集まり期限を定めて共同で作業を行う組織。

ワーキング・ホリデー 英 working holiday　オーストラリア、ニュージーランド、カナダと日本の政府間で認められているビザの制度。若者が最長1年間、現地で働きながら休暇をすごすことが出来る。

ワーク・シェアリング 英 work-sharing　仕事の分かち合い。雇用の維持、失業の抑制、雇用創出を目的とする。

ワーク・ショップ 英 workshop　作業場、工場、研修会、講習会。

ワード 英 word　米マイクロソフト社の文章作成用ソフトウェア。

ワシントン条約 英+和 Convention on International Trade in Endangered Species of Wild Fauna and Flora　正式な和訳は「絶滅のおそれのある野生動植物の種の国際取引に関する条約」。国際取引によって生存をおびやかされ、また絶滅の恐れのある野生動植物を保護すべく、1975年に発行した国際条約（日本は1980年に批准）。絶滅の恐れのある動植物 約35,000種を付属書I～IIIに分類して、それぞれの保護の必要性に応じて規制がおこなわれている。外国では、正式名称の頭文字をとってサイテス（CITES）と呼ばれることが多い。

ワン・ストップ・サービス 和製英語 one stop service　1つのところで、すべてのサービスが提供されることを意味する。例えば、従来、別々の場所で提供されていた行政サービスを、1つの窓口で受けられるようにすること。

■■著者紹介

中邨 章（なかむら あきら）
明治大学大学院長・政治経済学部教授
関西学院大学法学部卒。1963年8月、カリフォルニア大学バークレー校留学。同校卒業。南カリフォルニア大学大学院進学。1973年、博士号を取得（Ph.D.）。カリフォルニア州立大学フルトン校講師、ワシントン・ブルッキングス研究所研究員、ユタ大学、カナダ・ビクトリア大学客員教授などを歴任。現在、ビクトリア大学（カナダ）特任教授、国際行政学会（本部ブラッセル）研究諮問委員会委員、国際連合経済社会機構行政専門委員会委員。
主著―『アメリカの地方自治』（学陽書房、1991）、『東京市政と都市計画』（敬文堂、1993）、『行政の危機管理』（編著、中央法規、2000）、『自治責任と地方行政改革』（共著、敬文堂、2000）、『国家のゆくえ』（編著、芦書房、2001）、『自治体主権のシナリオ』（芦書房、2003）ほか多数。

砂金 祐年（いさご さちとし）
1976年生まれ。宮城県出身。福島大学行政社会学部卒。
現在、明治大学大学院政治経済学研究科政治学専攻博士後期課程に在籍（比較政治論）。日本地方自治学会、アメリカ政治学会に所属。
論文に、「個人情報保護条例の制定要因に関する比較研究」など。

桑原 潔（くわはら きよし）
1977年生まれ。広島県出身。明治大学政治経済学部卒。
現在、明治大学大学院政治経済学研究科政治学専攻博士後期課程に在籍（比較政治論）。日本行政学会、アメリカ政治学会に所属。
論文に、「外国人労働者政策と2つの政策ネットワーク」など。

佐々木 一如（ささき かずゆき）
1975年生まれ。福島県出身。国際基督教大学教養学部卒。
現在、明治大学大学院政治経済学研究科政治学専攻博士後期課程に在籍（行政学）。日本行政学会、日本地方自治学会に所属。
論文に、「危機管理における意思決定に関する考察」など。

現代行政用語索引

ア 行

アイ・エス・オー ……………………11
アウトカム評価 ……………………11
アウトソーシング ……………………12
アカウンタビリティ ……………………13
アジェンダ・セッティング ………14
環境アセスメント ……………………15
アドミニストレーション ……………16
イー・ガバメント(E・ガバメント) …22
インクリメンタリズム ……………24
インターネット ……………………26
インフラストラクチャー ……………29
インプリメンテーション ……………30
エイジェンシー ……………………35
エコロジー ……………………37
エスニシティ ……………………38
エヌ・ジー・オー ……………………38
エヌ・ピー・エム ……………………39
エヌ・ピー・オー ……………………39
エンパワーメント ……………………41
オー・ディー・エー ……………………42
オートノミー ……………………43
オールド・エコノミー ……………45
オルタナティブ ……………………47
オンブズマン ……………………47

カ 行

ガバナンス ……………………50
ガバナビリティー ……………………50
キット ……………………52
キャビネット ……………………53
キャリア ……………………53
クライシス・マネジメント ………55

グラス・ルーツ ……………………55
グローバリゼーション ……………57
ゲリマンダー ……………………61
コーポレート・ガバナンス ………62
コミュニティ ……………………64

サ 行

サスティナブル・デベロップメント …68
シーリング ……………………72
ジェンダー ……………………73
シナジー ……………………74
シビル・ミニマム ……………………75
スマート・カード ……………………80
セーフティ・ネット ……………………81

タ 行

チープ・ガバメント ……………………89
チェック・アンド・バランス ……90
ディ・レギュレーション ……………91
ディスクロージャー ……………………92
デモクラシー ……………………94
デュー・プロセス ……………………95

ナ 行

ナショナリズム ……………………100
ニュー・ライト ……………………103
ニンビー ……………………104
ノーマライゼーション ……………108

ハ 行

パートナーシップ ……………………111
パブリック ……………………113
パブリック・インタレスト ………113
バランス・シート ……………………115

バリアフリー …………………115
ピー・エフ・アイ ……………117
ピー・ピー・ピー〈1〉 …………118
ピー・ピー・ピー〈2〉 …………119
ヒエラルヒー …………………119
ビッグバン ……………………120
ビューロクラシー ……………121
ファンダメンタリズム ………122
フェニミズム …………………123
プライバタイゼーション ……124
プライマリー・バランス ……125
ベンチマーキング ……………129
ホイッスル・ブロー …………130
ポスト・モダン ………………131
ポリシー・ミックス …………132

マ　行

マニフェスト …………………134
マネタリズム …………………134
メイン・バンク ………………136
メリットシステム ……………137
モラル・ハザード ……………138

ヤ　行

ユニ・ラテラリズム …………139
ユニバーサル・デザイン ……139

ラ　行

ライト・サイジング …………141
ライン・アンド・スタッフ組織 …141
ラスパイレス指数 ……………142
リージョナリズム ……………143
リコール ………………………143
リストラクチャリング（リストラ）…143

リベラル ………………………145
ルーティン ……………………146
レファレンダム ………………148

行政 カタカナ 用語集

発行日	2003年10月1日
監　修	中邨　章
編　集	イマジン自治情報センター
発行人	片岡　幸三
印刷所	今井印刷株式会社
発行所	イマジン出版

〒112-0013　東京都文京区音羽1-5-8
Tel　03-3943-2520　Fax　03-3942-2623
HP　http//www.imagine-j.co.jp

ISBN4-87299-337-3　C2031　￥1500E

落丁・乱丁の場合は小社にてお取り替えいたします。